HISTOIRE DOCUMENTAIRE DES ÉTATS-UNIS

dirigée par Jean-Marie BONNET
et Bernard VINCENT

To

Claude-Jean BERTRAND

LES ANNÉES SOIXANTE (1961-1974)

Presses Universitaires de Nancy

DU MÊME AUTEUR

The British Press : An Historical Survey, Paris : OCDL, 1969.

Le méthodisme, Paris : Armand Colin, collection U2, 1971.

L'anglais de base, Paris : Hachette, collection Faire le point, 1972 ; 10e édition 1987. Traduction en espagnol : Madrid, SGEL, 1975. (en collaboration).

Versions : écrivains anglais et américains du XXe siècle, Paris : Masson, collection « University English » 1972 ; 3e édition, Presses universitaires de Nancy, collection « Univers anglo-américain », 1987.

Les mass media aux Etats-Unis, Paris : Presses universitaires de France, Collection « Que Sais-Je », 1974. Traduction en japonais : Tokyo, Hakusuisha, 1977. Edition refondue : *Les médias aux Etats-Unis*, 1982 ; 3e édition 1986. Traduction en espagnol : Pampelune, EUNSA, 1983.

Les Eglises aux Etats-Unis, Paris : Presses universitaires de France, collection « Que Sais-Je » 1975.

La civilisation américaine, Paris : Presses universitaires de France, 1979, 2e édition 1985. (en collaboration).

Les Etats-Unis : Histoire et civilisation (témoignages et documents), Presses universitaires de Nancy, 1983 ; 2e édition, 1986.

La television por cable en América y Europa, Madrid : Fundesco, 1986. (en collaboration).

DANS LA MÊME COLLECTION

Vol. 1 - L'Amérique Coloniale (1607-1774) - Jean Béranger

Vol. 2 - La Révolution Américaine (1775-1783) - Bernard Vincent

Vol. 3 - Naissance de l'Etat fédéral (1783-1828) - Elise Marienstras

Vol. 4 - L'Union en péril ; la démocratie et l'esclavage (1829-1865) - Jean Heffer

Vol. 5 - L'Age Doré (1865-1896) - Jacques Portes

Vol. 6 - L'Amérique, puissance mondiale (1897-1929) - Yves-Henri Nouaillat

Vol. 7 - De la crise à la victoire (1929-1945) - Claude Fohlen

Vol. 8 - L'Amérique Triomphante (1945-1960) * - Marie-France Toinet

Vol. 10 - La Crise d'Identité (1974-1988) * - Pierre Mélandri

* ouvrage en préparation

BERTRAND (Claude-Jean). — Les années soixante (1961-1974) / Claude-Jean Bertrand. — Nancy : Presses universitaires de Nancy, 1989. — 216 p. : tabl., couv. ill. ; 18 cm. — (Histoire documentaire des Etats-Unis ; 9).

ISBN 2-86480-257-0

INTRODUCTION

Certains saluaient une seconde révolution américaine. D'autres déploraient une « dépression nerveuse nationale ». Utopie ou apocalypse ? En tout cas, un des grands moments de l'histoire des États-Unis. Entre le moment où John F. Kennedy entra à la Maison blanche et le moment où Richard M. Nixon en sortit, en sortit de lui-même pour éviter d'en être chassé, entre janvier 1961 et août 1974, s'est déroulée une période courte mais intense. Parmi les événements et les idées qui s'y sont bousculés, il en est qui manifestaient des tendances du siècle, comme l'accroissement du pouvoir fédéral ou l'émancipation des femmes. D'autres signalaient le réveil de vieux idéaux, comme la démocratie de participation — et d'autres enfin l'émergence de traits nouveaux, comme le pluralisme qui était admis dans un domaine après l'autre.

Une soixantaine de textes sont réunis ici — autant de touches par lesquelles est esquissé un portrait des *Sixties*. En vue de sélectionner ces documents, une enquête a été faite auprès d'une centaine d'Américains, d'âges, de formations et de professions très divers. Après 20 ans, que se rappelaient-ils de cette époque, quelles opinions, quelles émotions surtout, en avaient-ils gardé ?

La présente anthologie contient inévitablement quelques textes de loi et de traité, quelques décisions de justice et rapports officiels et bon nombre de discours de personnalités. Mais on y trouve surtout des articles de presse, soit extraits des trois magazines d'information, soit empruntés à des quotidiens et des revues, de qualité pour la plupart. Y sont rapportés ou commentés les faits d'actualité les plus graves ou symboliques. C'est, en effet, au travers des médias que les Américains ont perçu la réalité contemporaine et par eux que leurs réactions ont été exprimées, bien ou mal. On trouvera ici également quelques écrits plus inattendus, paroles de chanson ou tract gauchiste par exemple.

L'approche générale a été la même que dans ***Les États-Unis : Histoire et civilisation*** (Nancy : PUN, 2e éd. 1985). Dans ce livre, j'ai utilisé des documents pour tracer un panorama bien plus large, de 1607 à nos jours. Dans l'un et l'autre volumes, ce n'est pas seulement l'histoire politique, diplomatique ou militaire que les textes évoquent, mais aussi des facettes diverses de la civilisation américaine.

1961-1974 : au cours de ces années, déplaisantes autant qu'exaltantes, les contradictions de l'américanisme sont apparues plus vigoureusement que jamais auparavant. *From Camelot to Watergate* : ces années, bien perçues comme une ère de révolutions, ne laissent personne indifférent. Il n'en est pas d'autre au 20e siècle qui inspirent une nostalgie, ou une rage pareille.

CHRONOLOGIE

1960 : 1er février : des Noirs occupent la cafétéria d'un magasin Woolworth à Greensboro, Caroline du Nord.
1er mai : un avion d'espionnage U2 abattu au-dessus de l'URSS.
9 mai : la FDA autorise la vente de la pilule contraceptive.
10 mai : des milliers d'étudiants manifestent contre la *House Un-American Activities Commission* à San Francisco.
8 novembre : J.F. Kennedy (JFK) élu Président.

1961 : 3 janvier : les EU rompent leurs relations diplomatiques avec Cuba.
1er mars : JFK crée le *Peace Corps*.
21 mars : les EU envoient aide et conseillers militaires au Laos.
17 avril : échec du débarquement à la Baie des cochons (Cuba).
4 mai : les premiers *Freedom Riders* quittent Washington pour le Sud.
5 mai : premier vol spatial d'un Américain, A.B. Shepard.
11 décembre : JFK envoie les premières troupes de combat US au Vietnam.

1962 : 20 février : J. Glenn, premier Américain mis sur orbite.
26 mars : la Cour suprême ordonne un redécoupage électoral après chaque recensement.
25 avril : reprise des expériences nucléaires US dans l'atmosphère.
15 juin : le SDS publie le *Port Huron Statement*.
25 juin : la Cour suprême déclare anti-constitutionnelle la prière dans les écoles.
10 juillet : Telstar, satellite de communication internationale (TV) débute.
1er octobre : le Noir J. Meredith s'inscrit à l'Université du Mississippi sous la protection d'agents fédéraux.

22 octobre : JFK annonce la présence de fusées soviétiques à Cuba.

1963 : 2 avril : M.L. King et 2 500 manifestants arrêtés à Birmingham, Alabama.
11 juin : à Saïgon, un bonze s'immole par le feu pour protester contre la persécution.
20 juin : « téléphone rouge » installé entre Washington et Moscou.
5 août : JFK signe le traité sur l'arrêt des expériences nucléaires dans l'atmosphère.
28 août : menées par M.L. King, 200 000 personnes défilent à Washington.
2 septembre : CBS-TV (suivi de NBC) fait passer son journal de 15 à 30 minutes.
9 octobre : JFK autorise la vente à l'URSS de 4 millions de tonnes de blé.
1er novembre : à Saïgon, l'armée prend le pouvoir, tue Diem et Nhu.
22 novembre : à Dallas, JFK est assassiné : le VP L.B. Johnson (LBJ) lui succède.

1964 : 8 janvier : LBJ déclare la guerre contre la pauvreté.
23 janvier : le 24e amendement : plus d'obstacle fiscal au droit de voter.
7 février : les Beatles débarquent à New York : scènes d'hystérie.
26 février : LBJ signe une loi réduisant les impôts.
1er mai : avec la *Los Angeles Free Press* naît l'*underground press.*
5 mai : début du *Kennedy Round,* négociations douanières entre EU et CEE.
21 juin : W. Westmoreland est nommé Commandant en chef au Vietnam.
22 juin : 3 militants pour les droits civiques tués au Mississippi.
2 juillet : LBJ signe le *Civil Rights Act.*
18 juillet : émeute à Harlem (et plus tard à Rochester, NY, et à Philadelphie).
2 août : des navires de l'US Navy prétendument attaqués dans le Golfe du Tonkin.
27 septembre : rapport Warren sur l'assassinat de JFK : Oswald seul coupable.

1er octobre : début du *Free Speech Movement* à Berkeley.
14 octobre : M.L. King reçoit le prix Nobel.
3 novembre : LBJ élu Président par une énorme majorité.

1965 : 7 février : LBJ ordonne le bombardement du Nord Vietnam.
21 février : Malcolm X assassiné à New York / La production massive de LSD commence à Los Angeles.
17 mars : première manifestation nationale contre la guerre à Washington.
21-25 mars : M.L. King mène le défilé de Selma à Montgomery.
24 mars : premier *teach-in* contre la guerre, à l'U. du Michigan.
9 avril : première aide fédérale massive aux écoles.
28 avril : LBJ envoie des *marines* en République dominicaine.
20 juillet : LBJ signe la loi instituant le *Medicare.*
27 juillet : renforts de 100 000 soldats envoyés au Vietnam.
6 août : LBJ signe le *Voting Rights Act.*
11-17 août : émeutes à Watts (Los Angeles).
10 septembre : début de la grève des ouvriers agricoles (chicanos) à Delano.
3 octobre : l'*Immigration Act* met fin aux quotas.
4 octobre : le pape Paul VI aux EU : visite à LBJ.
9-10 novembre : énorme panne d'électricité dans tout le Nord-Est.

1966 : 1er janvier : les paquets de cigarettes doivent porter une mise en garde.
17 janvier : accident en Espagne : un bombardier US lâche 4 bombes H.
21 janvier : reprise des bombardements sur le Nord Vietnam.
Mars : grandes manifestations bouddhistes au Sud Vietnam.
22 mars : excuses du président de la General Motors à R. Nader.
24 avril : début à New York de la plus longue grève des journaux (11 septembre).

13 juin : affaire Miranda : la Cour suprême renforce la protection des droits individuels.
17 juin : le slogan *Black Power* lancé lors d'un défilé au Mississippi.
Juillet : émeutes noires à Chicago, Cleveland, Brooklyn.
Août : Chavez crée le *United Farm Workers Organizing Committee.*
1er août : à la U. of Texas, un tireur fou tue 14 personnes, en blesse 30.
6 octobre : grand *love-in* hippie au Golden Gate Park de San Francisco.
15 octobre : Seale et Newton fondent le *Black Panther Party* / Plus de troupes US (320 000) que sud-vietnamiennes au Vietnam.
8 novembre : premier Noir élu au Sénat depuis 85 ans.
9 novembre : Reagan élu gouverneur de Californie.
21 novembre : fondation de la *National Organization for Women.*

1967 : 10 janvier : LBJ demande une augmentation des impôts.
13 février : révélation : la *National Student Association* financée par la CIA.
15 avril : manifestations contre la guerre, à New York (100 000), San Francisco (65 000), etc.
13 juin : premier Noir juge à la Cour suprême.
16 juin : premier *Pop Festival,* à Monterey, Californie.
23 juin : rencontre de LBJ et du russe Kossygine à Glassboro, NJ.
Juin-août : *Summer of Love,* apogée du mouvement hippie.
Juillet : émeutes à Newark, puis à Detroit, etc.
23 juillet : plébiscite à Porto-Rico : 60,5 % pour le statu quo.
21 octobre : 75 000 jeunes défilent autour du Pentagone.
7 novembre : LBJ signe le *Public Broadcasting Act* / premiers maires noirs à Cleveland et Gary.
14 décembre : synthèse réussie de la DNA à Stanford University.

1968 : 30 janvier : début de l'offensive du Têt.
1er mars : rapport Kerner sur les émeutes noires.
16 mars : Robert Kennedy se déclare candidat à la Présidence.
18 mars : massacre de Mylai.
27 mars : début des « événements » de Columbia University.
31 mars : LBJ annonce qu'il ne se représentera pas.
4 avril : assassinat de M.L. King : vague d'émeutes.
10 mai : début des négociations entre EU et Nord-Vietnam à Paris.
5 juin : Robert Kennedy tué après avoir gagné la primaire de Californie.
1er juillet : signature du traité de non-prolifération nucléaire.
26 août : convention démocrate à Chicago : affrontements entre police et manifestants.
18 octobre : aux JO de Mexico, deux Noirs font le salut du *Black Power*.
5 novembre : Nixon & Agnew élus à la Maison Blanche par une faible majorité.

1969 : 1er janvier : 542 000 soldats US au Vietnam, le maximum.
18 janvier : les 4 protagonistes de la guerre au Vietnam négocient à Paris.
26 janvier : grave pollution pétrolière devant Santa Barbara en Californie.
8 février : le *Saturday Evening Post* cesse de paraître.
9 avril : rébellion des étudiants à Harvard University.
15 mai : à Berkeley, défilé vers le People's Park : la police tire.
8 juin : première diminution des troupes US au Vietnam.
23 juin : Earl Warren, président de la Cour suprême, prend sa retraite.
18 juillet : accident d'Edward Kennedy à Chappaquiddick : une morte.
20 juillet : trois Américains posent leur engin sur la lune.

9 août : Sharon Tate & al. massacrés par la « famille » Manson.
15-17 août : Woodstock Festival : plus de 300 000 participants.
24 septembre : début du procès des *Chicago Seven*.
8 octobre : exclus du SDS, les *Weathermen* se déchaînent.
15 octobre : vastes manifestations du *Vietnam Moratorium*.
29 octobre : la Cour suprême ordonne la déségrégation scolaire *immédiate*.
17 novembre : EU et URSS commencent les discussions SALT à Helsinki.
20 novembre : des Indiens occupent l'île d'Alcatraz.
21 novembre : le Sénat rejette un candidat de Nixon à la Cour suprême (puis un autre le 8/4/1970).
6 décembre : concert des Rolling Stones à Altamont : un mort.
22 décembre : vote du *National Environmental Policy Act*.

1970 : 6 mars : des Weathermen fabriquaient des bombes à Greenwich Village : explosion.
15 avril : *The Mobe :* manifestations anti-guerre à New York et San Francisco.
22 avril : *Earth Day :* apogée du mouvement écologiste.
30 avril : des troupes US pénètrent au Cambodge.
4 mai : la Garde nationale à Kent State Univ. : 4 morts.
15 mai : la police tue 2 étudiants à Jackson State (Mississipi).
20 mai : à New York, les *hard hats* défilent en faveur de la guerre.
24 juin : le Sénat abroge la *Tonkin Gulf Resolution*.
4 juillet : *Honor America Day :* la « majorité silencieuse » manifeste.
29 juillet : Chavez signe une convention avec les viticulteurs californiens.
26 août : manifestations nationales des féministes.
18 septembre : Jimi Hendrix meurt de surdose, et Janis Joplin le 4 octobre.

Septembre : mise en place de l'*Environmental Protection Agency.*
14 novembre : nouvelle promenade sur la lune.

1971 : 8 février : annonce de l'entrée au Laos de troupes US et de l'ARVN.
20 avril : la Cour suprême unanime autorise le *busing*.
3 mai : manifestations anti-guerre à Washington : 12 000 arrestations.
13 juin : le *New York Times* commence à publier les Dossiers du Pentagone.
30 juin : 26e amendement ratifié : droit de vote pour tous les citoyens de 18 ans ou plus.
15 août : Nixon bloque les prix et les salaires pour 90 jours.
9 septembre : insurrection à la prison d'Utica (NY).
5 novembre : annonce de ventes de blé massives à l'URSS.
26 décembre : bombardements du Nord Vietnam, les plus violents depuis 1968.

1972 : 21 février : visite de Nixon en Chine.
22 mars : le Congrès vote l'amendement sur l'égalité des femmes (ERA).
30 mars : bombardements de Hanoï, après 4 ans d'arrêt.
5 mai : minage du port de Haïphong.
15 mai : Georges Wallace paralysé à la suite d'un attentat.
17 juin : cambriolage du QG démocrate dans l'immeuble du Watergate.
29 juin : la Cour suprême déclare la peine de mort non constitutionnelle.
12 août : les derniers combattants US quittent le Vietnam.
1er septembre : Bobby Fischer, premier Américain champion du monde d'échecs.
26 mai : signature de l'*ABM Treaty* (SALT I) par Nixon à Moscou.
7 novembre : écrasante victoire de Nixon aux élections.

15 décembre : négociations bloquées : reprise des bombardements du Nord-Vietnam.

1973 : 22 janvier : la Cour suprême autorise l'avortement.
27 janvier : fin de la conscription militaire / accord de cessez-le-feu signé à Paris.
7 février : le Sénat crée une commission d'enquête sur la campagne de 1972.
12 février : le dollar dévalué de 10 %.
29 mars : fin de l'intervention US au Vietnam / les derniers prisonniers US relâchés.
30 avril : 4 collaborateurs de Nixon démissionnent.
16 juillet : révélation : les conversations de Nixon étaient enregistrées.
15 août : les bombardements du Cambodge cessent.
6 octobre : début de la guerre du Kippour et de la crise du pétrole.
10 octobre : le V.-P. Agnew, accusé de corruption, démissionne.
17 novembre : discours de Nixon : « Je ne suis pas un escroc... »
21 novembre : révélation : 18 minutes manquent sur une bande cruciale.
6 décembre : G. Ford, premier Vice-Président « nommé » entre en fonctions.

1974 : 1er mars : 7 conseillers de Nixon inculpés.
9 mai : début du processus de mise en accusation de Nixon.
22 mai : Nixon refuse de remettre les bandes à la Chambre.
24 juillet : la Cour suprême ordonne à Nixon de remettre les bandes.
27 juillet : le premier article d'*impeachment* est adopté par la commission des affaires judiciaires de la Chambre.
9 août : Nixon démissionne : Ford lui succède.
8 septembre : Ford gracie Nixon.

CHAPITRE I
LES TROIS PILIERS : ÉCONOMIE, TECHNOLOGIE ET DÉMOGRAPHIE

La Deuxième guerre mondiale mit fin à la Grande dépression, tant dans l'agriculture que dans l'industrie. Ensuite les États-Unis jouirent de l'hégémonie militaire, brièvement, et économique. Les années 50, sous l'égide du vieil et souriant Eisenhower, furent marquées à l'extérieur par la « guerre froide », certes, mais surtout par la paix. Et marquées, à l'intérieur, par la croissance économique, la consommation de masse et la confiance dans le destin de l'Amérique. Les revenus des familles augmentèrent de 40 % (en dollars constants). On oubliait les privations de la crise et de la guerre. Les intellectuels (comme Galbraith, Mills, Riesman ou Whyte) dénonçaient les tares d'une société matérialiste à outrance. Dans la foulée, la décennie suivante fut une période de prospérité exceptionnelle. Ce fut aussi la période où la vague démographique de l'après-guerre atteignit l'adolescence. Plus que les autres, ces jeunes voulurent améliorer l'Amérique. Il semblait possible de supprimer les inégalités et d'augmenter la qualité de la vie. La technologie était au rendez-vous : sous l'effet d'inventions et découvertes multipliées, la société commença de se transformer. Les États-Unis entamèrent alors leur entrée dans l'ère post-industrielle.

1 A BOOMING ECONOMY

La période débuta au cours d'une récession et s'acheva sur une grave accélération de l'inflation, et la brutale crise du pétrole. Mais entre temps les États-Unis connurent la plus vive expansion de leur histoire, de 1961 à 1966 en particulier quand l'inflation était basse et que le chômage devenait minimal (jusqu'à 3,3 %).

Par an	1950-59	1960-69	1970-79
augmentation moyenne du PNB	3,3 %	3,8 %	2,8 %
augmentation de la productivité	2,1 %	2,3 %	1 %
taux d'inflation	2,1 %	2,8 %	7,8 %

*Le pays semblait inépuisablement prospère. Cette richesse de l'*affluent society *suscita de fols espoirs et de grandes réalisations. Elle est une explication de la renaissance du progressisme, de ces réformes qui, malgré leurs aspects négatifs, illustrent mieux la décennie que tout autre phénomène. L.B. Johnson en vint à croire que son avalanche de lois sociales était compatible avec l'escalade militaire au Vietnam sans augmentation des impôts. Le revenu moyen d'une famille était passé (en dollars 1984) de $ 19 711 en 1960 à $ 28 167 en 1973 (à la suite de quoi il déclina) : la majorité crut qu'on pouvait, sans lui rien ôter, donner aux minorités sous-privilégiés. Ses enfants, les étudiants, s'adonnaient à des contestations et délectations diverses sans s'inquiéter de leur avenir.*

It's a greatly changed America emerging from the Vietnam war that it entered 11 years ago.

Total output of this country has doubled over the years of conflict, making the U.S. the world's first and only trillion-dollar economy.

Nearly every other measure of economic activity—jobs, people's incomes, profits of corporations, output of factories, for example—is at a record level.

Changing attitudes and opportunities for birth control have dramatically slowed the nation's population growth.

The picture on inflation is different, too—and somewhat discouraging. A decade ago, prices were rising at a rate of barely 1 per cent a year. Now the rate is 3 to 4 per cent.

Finding jobs for all Americans who want to work has also proven an elusive goal. Except for a few years in the late 1960s—when the war was being escalated—joblessness has remained far above the « full employment » level of 4 per cent.

POPULATION

25 Million More Americans — the World's Greatest Market

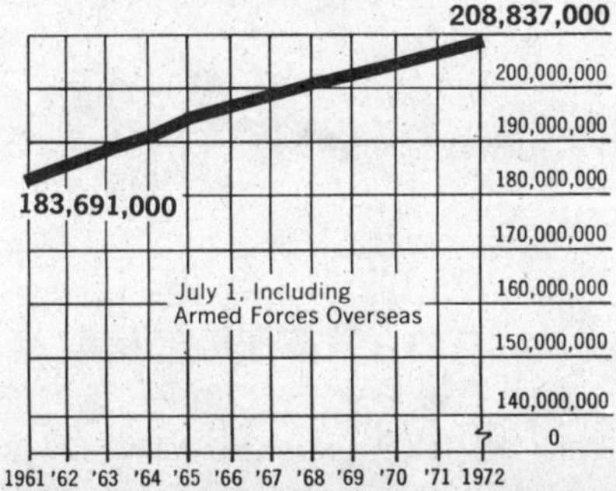

Population has grown by 14 per cent in past 11 years, but birth rates have dropped sharply in recent years. Experts expect little more than a yearly rise of 1 per cent in population in next decade, but no slowdown in spread of affluence.

Source: U.S. Census Bureau

PEOPLE'S INCOME

Twice as Many Dollars to Spend—but Inflation Trims Gains

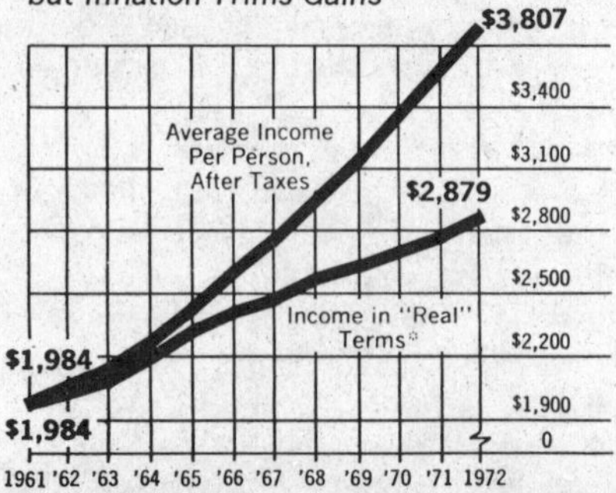

Since 1961, take-home pay has been rising 6.1 per cent a year, but inflation has held the gain in purchasing power to 3.4 per cent a year. In 1972, as inflation slowed, gain in real pay was the biggest in six years.

*Adjusted for price changes. Figures are in 1961 dollars.

Source: U.S. Dept. of Commerce

JOB TRENDS

84 Million Americans at Work—an All-Time High

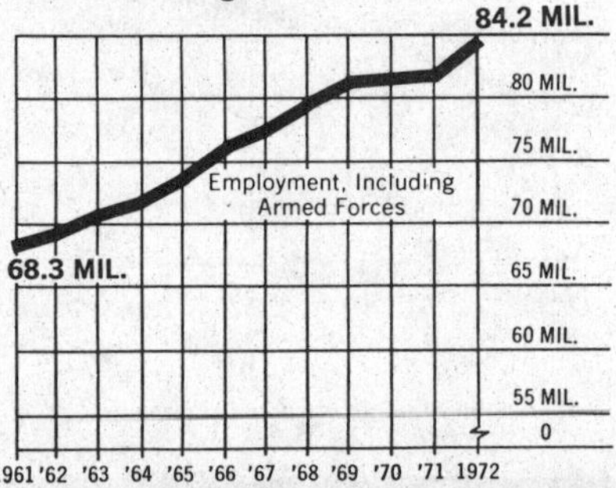

Jobholders have increased in number every year. But rapid growth in the labor force has made it difficult bringing about full employment. Only in four years in the Vietnam era—during the war's escalation—did civilian unemployment fall below 4.5 per cent of the labor force.

Source: U.S. Dept. of Labor

INFLATION

Still the Nation's Most Persistent Economic Problem

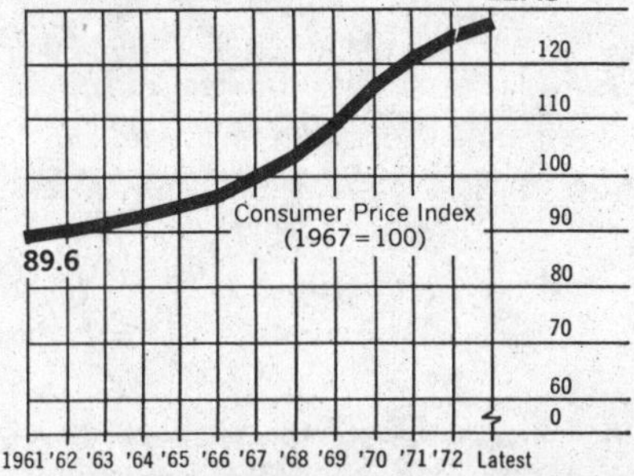

Consumer prices rose moderately during the early years, then accelerated at mid-decade as the war expanded. Coping with inflation led first to a recession, then wage-price controls. Now, after slowing in inflation rate to 3.3 per cent in 1972, officials expect further reduction by year-end.

Source: U.S. Dept. of Labor

TOTAL OUTPUT

A Doubling—and Still Expanding Rapidly

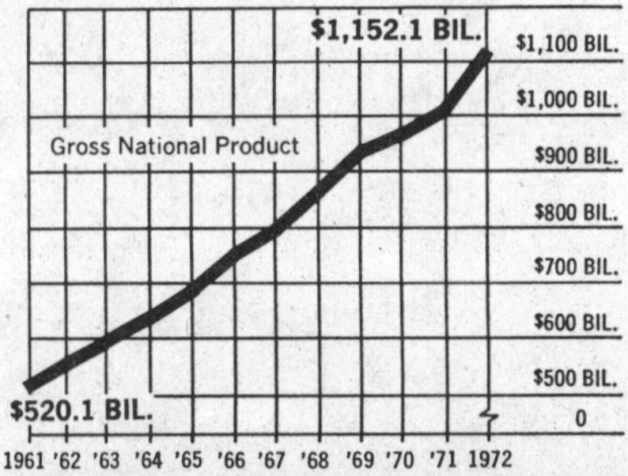

Growth in output has averaged 7.5 per cent yearly, though about half of the growth was due to the effects of inflation. After the period's only recession, in 1970, output surged through the trillion-dollar mark in 1971, has been moving up strongly ever since.

Source: U.S. Dept. of Commerce

Source : « Vast Changes in the US Economy », *US News and World Report,* 12 février 1973.

2 *THE SLUMPS OF THE SIXTIES*

Si l'expansion caractérisa la période, si la récession qui l'ouvrit fut légère, celles qui la cloturèrent furent graves. La première contribua à la défaite de Nixon devant Kennedy : il souffrait d'un double handicap, être républicain et au pouvoir. La deuxième, caractérisée par la conjonction d'inflation et de stagnation, fut due à la guerre du Vietnam et contribua à l'acceptation de la défaite. Et bientôt après la troisième, due aux crises du Watergate et du Moyen-Orient, sembla amorcer le déclin général des États-Unis. L'index Dow Jones passa le seuil de 1 000 pour la première fois en juin 1972 : l'économie prospérait depuis deux ans ; la paix semblait proche au Vietnam et Nixon venait d'être réélu triomphalement. Mais dès janvier l'index se mit à décliner pour tomber jusqu'à 577 en fin 1974.

FOUR KEY MEASURES

1. LENGTH OF SLUMP

GREAT DEPRESSION OF 1929-33
43 MONTHS

POSTWAR RECESSIONS	
Recession of 1948-49	**11 MONTHS**
Recession of 1953-54	**13 MONTHS**
Recession of 1957-58	**9 MONTHS**
Recession of 1960-61	**9 MONTHS**
Recession of 1969-70	**12 MONTHS**
Recession of 1973-75	**16 MONTHS**

2. DECLINE IN OUTPUT OF INDUSTRY

GREAT DEPRESSION OF 1929-33
52.2 %

POSTWAR RECESSIONS	
Recession of 1948-49	**9.6 %**
Recession of 1953-54	**9.1 %**
Recession of 1957-58	**12.6 %**
Recession of 1960-61	**8.6 %**
Recession of 1969-70	**8.1 %**
Recession of 1973-75	**13.5 %**

3. PEAK OF UNEMPLOYMENT

GREAT DEPRESSION OF 1929-33
25.4 %

POSTWAR RECESSIONS	
Recession of 1948-49	**7.9 %**
Recession of 1953-54	**6.1 %**
Recession of 1957-58	**7.5 %**
Recession of 1960-61	**7.1 %**
Recession of 1969-70	**6.0 %**
Recession of 1973-75	**8.2 %**

4. DECLINE IN GROSS NATIONAL PRODUCT

(after adjusting for inflation)

GREAT DEPRESSION OF 1929-33
34.1 %

POSTWAR RECESSIONS	
Recession of 1948-49	**1.6 %**
Recession of 1953-54	**3.4 %**
Recession of 1957-58	**3.9 %**
Recession of 1960-61	**1.6 %**
Recession of 1969-70	**1.4 %**
Recession of 1973-75	**7.4 %**

Source : « Anyway You Look at It : The Worst Slump Since the 1930's », *US News and World Report,* 31 mars 1975.

3 THE NIXON FREEZE

Depuis Jefferson et Jackson, les Démocrates sont considérés comme défenseurs des humbles ; et, depuis le New Deal, *comme des « libéraux », keynesiens partisans de l'intervention gouvernementale dans l'activité économique — par le biais de la fiscalité et de la monnaie. Les Républicains, eux, sont vus comme des agents du* Big Business *nordiste, hostiles à toute réglementation étatique. Nixon, né dans une famille humble, a été lancé en politique par des hommes d'affaires et ses plus proches amis étaient des milliardaires. Rien d'étonnant qu'une fois à la Maison blanche, il ait respecté une vieille tradition républicaine, définie par Gore Vidal comme « la libre entreprise pour les pauvres et le socialisme pour les riches ». Cela dit, il affrontait une conjonction d'inflation et de stagnation qui décontenançait les économistes. Quand, en août 1971, pour la première fois depuis 1888, la balance des paiements devint déficitaire et que l'étranger se rua sur le dollar, Nixon prit des mesures spectaculaires : fin de la garantie en or du dollar ; dévaluation de la monnaie. Et pour combattre l'inflation, il décréta le gel des prix et des salaires. Une embellie suivit : le choc pétrolier de 1973 n'en fut que plus dur.*

At last President Nixon has acted. His program will revive what was an anemic and disappointing recovery. It can help to break the momentum of an inflation that was showing signs in recent months of turning worse. Finally, the prolonged international disequilibrium, which could not and did not last, may be on its way toward a more rational solution.

But — and with this President there is, alas, always that but — the new economic game plan is flawed by its pro-business lopsidedness. This is worse than a crime : it is a blunder.

The success of the wage-price freeze depends crucially on the pressure of public opinion. Upon the recognition that, although every program involves some individual inequities, the whole nation is embarking upon a course that is broadly fair and that will work to the benefit of the vast majority of the population.

The President may speak of a job-development tax credit. That cannot hide the fact that this is a generous investment tax credit *to business*, and that it comes on top of a generous giveaway program of accelerated depreciation promulgated with doubtful legality by President Nixon's own Executive order. Giving consumers an extra $50 of tax exemption at some indefinite date in 1972 instead of in 1973, which is the only direct benefit to the middle- and low-income taxpayer, pales into insignificance next to these business handouts. (I, as one of the fathers of the Kennedy investment tax credit, use the word « handout » advisedly because that is exactly what its true economic nature is—a bribe that may stimulate some equipment investment.).

Why did the President not ask Congress, at the least, to freeze dividends when he was freezing wage increases already conceded to teachers, unionized workers and workers generally ? Why did he not ask the Federal Reserve to freeze interest rates for the 90-day period ? Did he really think that talk about the brave pioneers who settled the West and statistics to show that America enjoys a preponderant share of world GNP would be acceptable substitutes for such measures in insuring universal acceptance of the new austerity program ?

I know the counterarguments. But they miss the point. Doubtless few corporations will be so stupid as to raise dividends in this period. Still, where public acceptance is concerned, the appearance of evenhanded justice and compulsion is as important as the effects. I also realize that frozen interest rates can hurt the consumer if money is not available at those rates ; yet how is this different from food and clothing ? And in the case of credit, the Federal Reserve and the various governmental housing agencies do have plentiful powers to insure that mortgage money and consumer credit do not dry up at the frozen rates.

Perhaps nothing short of an excess-profits tax and emergency taxes on capital gains could win the enthusiastic support of the AFL-CIO. And those do involve some genuine problems. The point, however, is not in a time of emergency to win popularity with a George Meany but rather to persuade the public at large that a labor leader is being an obstructionist when he puts the short-run interests of a particular labor elite above the interest of all.

My last criticism of the domestic programs is the most weighty of all from an economic standpoint. All that the President gave with his left hand in the form of tax reduction he took away with his right hand when he proposed matching cuts in Federal expenditures. If I may say so, he stole a page from Congressman Mills's joke book of upside-down economics, hoping to give orthodox respectability to a tax-cut program at the expense of emasculating its job-creating power. When the President alibied for unemployment because of attrition of men from the armed forces, he revealed that he does not understand economics. But take him at his beliefs : if attrition of soldiers makes the nation have high unemployment, where will unemployment be by the time next Election Day arrives if one in twenty of the millions of Federal jobs are eliminated ?

Enough of these criticisms. Every nation of the West can make a 90-day freeze work. It will tell us something about the present cohesion of the American people if we cannot. And it will tell us something about the future for fruitful international trade, if the inevitable depreciation of the dollar leads not to a new equilibrium but to a trade war and to worldwide exchange restrictions and autarky.

Source : Paul A. SAMUELSON[1], « Two Cheers for the New Nixon Program », chronique, *Newsweek*, 30 Août 1971.

(1) Lauréat du prix Nobel d'économie en 1970.

4 OIL CRISIS

Les Américains furent longtemps célèbres pour le gaspillage de leurs ressources naturelles, de l'énergie en particulier : le symbole en était leurs voitures à 8 cylindres goulus. Un signal d'alarme retentit en novembre 1965 : une énorme panne d'électricité plongea tout le Nord-Est dans le noir pendant des heures. Au sein de la contestation, les écologistes annonçaient des catastrophes. La pénurie d'énergie est apparue avant *la guerre israélo-arabe du Kippour en octobre-novembre 1973 et la crise pétrolière mondiale qu'elle engendra. Les États-Unis avaient, certes, d'immenses réserves d'hydrocarbures (gisements d'Alaska découverts en 1968), de charbon et de schistes bitumineux, mais ils consommaient un tiers du pétrole mondial et importaient un tiers de leur consommation (plus de 6 millions de barils par jour). Ils se trouvaient ainsi soumis aux intérêts de leurs transnationales pétrolières. Tandis que les pays arabes frappaient les États-Unis d'un embargo pétrolier (octobre 1973 à mars 1974), tandis que les files d'attente s'allongeaient devant les stations-services, le prix du brut quadrupla. Toutes les économies, tant de l'Occident que du Tiers monde allaient en être obérées pendant quelque 10 ans.*

Most Americans cannot yet get excited about that problem, but many of them have already seen the effects of the growing energy shortage. During the past three summers, there have been scattered brownouts across the nation. These cutbacks on voltage, designed to preserve overloaded generators, caused TV pictures to shrink, lights to dim and air conditioners to slow down. [...]

Last winter, for the first time in memory, fuel-oil supplies ran ominously low. From Denver to Des Moines, schools were closed for lack of heat, and production in fuel-short factories came to a halt. This spring has already seen scattered instances of gasoline shortages and service-station shutdowns.

Paradoxically, the U.S. still has ample domestic sources of energy. |...| Thus the immediate problem is caused not by dwindling reserves but by inadequate oil-refining capacity and man-made shortages of natural gas. These, in turn, are caused by complex and interrelated political, economic and social factors. |...|

The urge for a clean environment has complicated matters even further. Clean-air laws, for instance, forbid the burning of oil and coal with high sulfur content. As a result, much available domestic fuel cannot be used in many localities. Insisting on environmental safeguards, groups have delayed such projects as the Alaska pipeline and nuclear power plants, further limiting the development of domestic energy sources.

At the same time, the U.S. until now has been understandably reluctant to relieve the domestic shortages by turning to easily available overseas sources of energy. Reason : the Government wanted to protect the high-cost domestic oil industry, arguing that the nation should not become dependent on foreign suppliers of oil and gas, especially when the major reserves are in nations not particularly friendly to the U.S.—the Arab states and Russia. |...| Because all the energy companies would pass along higher costs to the consumer, critics have charged that the energy crisis could conceivably serve « as a massive exercise in picking the pocket of the American consumer to the tune of billions of dollars a year. » |...|

In his special energy message to Congress last month, President Nixon tried to steer a middle course while easing the shortages. He acted to increase supplies of foreign oil. To spur domestic output, Nixon ordered the Interior Department to triple by 1979 the amount of federal acreage leased to oil and gas companies. |...|

At present, despite the fact that the U.S., with only 6 % of the world's population, consumes almost one-third of its total energy output, only about 4 % of the gross national product is required to pay the bill. Nixon has proposed that energy prices « reflect their true cost » — which increasingly includes ransom-sized tax increases by the oil barons of the Middle East, environmental cleanup expenditures and other indirect expenses that U.S. consumers are hardly accustomed to having tacked onto their electric bills or service-station tabs. [...]

Since 1970 the price that the producing countries receive for their crude has risen 72 %, and the major multinational oil companies are committed to additional 10 % price hikes in each of the next two years. By 1980, based on current prices and projected growth in demand, the nation's out-of-pocket expenditures for foreign oil might reach $17 billion annually *v.* $8 billion this year. [...] Marvels the State Department's energy expert, James E. Akins : « With the possible exception of Croesus, the world will never have seen anything quite like the wealth which is flowing and will continue to flow into the Persian Gulf. » Speculation with these funds was partially responsible for the world's recent monetary crisis.

To help curb such imbalances, some politicians and economists are urging the Administration to take on the job of bargaining with oil-producing countries itself, rather than accept the price levels negotiated by the oil companies. Democratic Senator Henry Jackson declared : « The oil companies acting alone cannot be credible bargainers with OPEC. » M.I.T. Economist Morris A. Adelman has gone even further, accusing the multinational oil firms of merely acting as tax-collection agents for the oil exporters. Both he and Jackson have suggested that the U.S. and other big oil consumers join together in a concerned diplomatic effort to break the OPEC cartel.

Source : « The Energy Crisis : Time for Action », *Time*, 7 mai 1973.

5 APOLLO 11 LANDS ON THE MOON

Il n'y avait nul besoin scientifique d'envoyer des hommes sur la lune. Ces expéditions furent avant tout des dramatiques télévisées, le plus stupéfiant spectacle de tous les temps. En lançant l'entreprise en réponse à l'humiliation par le Spoutnik, Kennedy avait voulu démontrer la supériorité des États-Unis. L'alunissage affichait une effective maîtrise scientifique et technologique dans tous les secteurs. En 1961, Time Magazine *choisit 15 savants comme « Hommes de l'année ». Entre 1961 et 1974, 45 Américains obtinrent un prix Nobel scientifique. C'est au début des années 60 qu'on se mit à utiliser l'énergie nucléaire, le laser, les satellites (de météo et de communication). Grâce aux microprocesseurs, les ordinateurs se multiplièrent : IBM remplaça la General Motors comme symbole de la puissance américaine. En biologie, le code génétique fut décrypté (1961). En médecine furent créés les vaccins de la polio (1961), de la rubéole (1969) — et mises au point les pilules contraceptives. Dans la vie quotidienne se généralisèrent les tissus synthétiques, les collants, les objets en plastique, la télévision en couleur. On vit apparaître les couches jetables, les bombes aérosols, les radios et les calculatrices de poche, les téléphones à boutons, la machine à écrire à boule, les fours à micro-ondes, etc... Évidemment, tandis que science et technologie résolvaient de vieux problèmes, elles en posaient de nouveaux, par la pollution surtout. Vers la fin de la décennie, elles perdaient de leur attrait aux yeux des jeunes.*

HOUSTON — US astronauts stepped onto the surface of the moon Sunday and explored its bleak forbidding crust on man's first visit to another celestial body. Apollo 11 Commander Neil. A. Amstrong climbed slowly down the ladder from the spaceship Eagle, and become the First man to set foot on the lunar surface.

As Amstrong swung his left boot to the surface of the moon at 7 :56 p.m., PDT, he gave millions of spellbound television viewers words sure to live in history. « That's one small step for man... one giant leap for mankind ». |...|

Much of the civilized world watched and listened as Amstrong and fellow explorer Edwin E. Aldrin Jr., who followed him down the steps about 20 minutes later, collected rocks which may reveal the oldest secrets of the solar system. Waiting and listening in lunar orbit was the third member of the Apollo crew, command module pilot Michael Collins.

As he took his first steps on the lunar surface, Amstrong could be seen in remarkably clear television pictures taken by a camera attached to the lunar module descent stage. |...| Both astronauts wore their heavy gold sunshields pulled down over their fishbowl helmets and their faces could not be discerned. |...| The scenes showed clearly the utter desolation of the moon — the rough, scarred terrain, in what appeared to be scores of small craters. The pictures showed a couple of elongated craters, and in the distance small rocks. |...|

Once he had fixed the camera on a tripod, Amstrong moved back to center stage where Aldrin was busy mounting a solar wind detector, something like a windowblind to catch particles of the solar wind for return to earth. Over and over again, the explorers noted the cohesiveness of the moon's soil. From early moments of their explorations, physicians in Mission Control reported the pilots remained in excellent physical condition. There was no indications in their voices that they were excited, confused or fatigued by the physical and emotional experience. |...|

Forty-five minutes after Amstrong stepped down from the ladder onto the surface, the two pilots planted the American flag just in front of the lander. The flag was carried to the moon in a container along side the ladder. Mounted on an eight foot staff, it was held out by a spring, making it look almost as though it were in a stiff breeze. The symbolic flag raising was done without fanfare. Neither of the astronauts commented when the Stars and Stripes were raised over the Sea of Tranquillity. |...|

At 8 :50 p.m. President Nixon called from the Oval Room of the White House. He said it was the most historic telephone call in all mankind and told the astronauts « I can't tell you how proud we all are..., for every American this has been the proudest day of our lives. Because of what you have done the heavens have become a part of man's world. As you talk to us from the Sea of Tranquility it inspires us to redouble our efforts to bring peace and tranquility to earth »...

The explorers left behind messages from Presidents Eisenhower, Kennedy, Johnson, and Nixon along with leaders of 73 countries around the world. They also left tributes to five space explorers who lost their lives in man's reach for the moon. |...|

Aldrin was first to return to the Eagle cabin. He hopped the ladder like an athlete, three rungs at a time, and disappeared off the front porch at 10 p.m. PDT. For ten minutes he assisted Amstrong, who remained on the surface to haul rock sample boxes into the cabin with the aid of a continuous conveyor belt. The Apollo 11 commander climbed the ladder and crawled into the hatch at 10 :11 p.m. |...| Eagle is scheduled to blast off from the moon just before 11 a.m. PDT today.

Source : Los Angeles Times, 21 juillet 1969.

6 THE UBIQUITOUS TUBE

Dans les années 50, la pénétration de la TV était passée de 12 à 87 % des foyers. Les États-Unis avaient quitté la galaxie de Gutenberg pour celle de Marconi : un des gourous des Sixties *fut M. McLuhan. Les trois grands* networks *étaient devenus le divertisseur n° 1. La TV devint aussi l'informateur n° 1, à partir de 1963 quand ses journaux passèrent de 15 à 30 minutes. Walter Cronkite, de CBS, dominait le journalis de CBS, dominait le journalisme télévisé. De l'enterrement de JFK aux séances de la commission sénatoriale d'enquête sur le Watergate, les grands spectacles se succédèrent. Au Vietnam se déroula la première guerre télévisée au monde, parfois en direct par satellite. Et aux États-Unis les luttes des Noirs et des étudiants durent leur ampleur à la télévision. Elle devint l'outil politique n° 1 : on lui attribue le mythe Kennedy, l'abandon de Johnson et les chutes de Nixon en 1960 et en 1973-74. Tous les médias étaient conservateurs : les radicaux les dénonçaient comme des instruments de l'*Establishment *— sauf peut-être la TV non-commerciale qui prit alors son essor. Passé Kennedy, pourtant, les équipes au pouvoir eurent avec les gens de presse, de plus en plus autonomes, des rapports de plus en plus antagonistes. Le Vice-président Agnew devint célèbre pour des diatribes contre le libéralisme des médias — fulminées au nom de Nixon qui les détestait : leur tort majeur était de montrer la réalité crue.*

Monday night, a week ago, President Nixon delivered the most important address of his Administration, one of the most important of our decade. His subject was Vietnam. His hope was to rally the American people to see the conflict through to a lasting and just peace in the Pacific. For thirty-two minutes, he reasoned with a nation that has suffered almost a third of a million casualties in the longest war in its history.

When the President completed his address his words and policies were subjected to instant analysis and querulous criticism. The audience of seventy million Americans — gathered to hear the President of the United States — was inherited by a small band of network commentators and self-appointed analysts, the *majority* of whom expressed, in one way or another, their hostility to what he had to say. [...]

The purpose of my remarks tonight is to focus your attention on this little group of men who not only enjoy a right of instant rebuttal to every Presidential address, but more importantly, wield a free hand in selecting, presenting and interpreting the great issues of our nation.

First, let us define that power. At least forty million Americans each night, it is estimated, watch the network news. [...] In Will Roger's observation, what you knew was what you read in the newspaper. Today, for growing millions of Americans, it is what they see and hear on their television sets.

How is this network news determined ? A small group of men, numbering perhaps no more than a dozen « anchormen », commentators and executive producers, settle upon the 20 minutes or so of film and commentary that is to reach the public. This selection is made from the 90 to 180 minutes that may be available. Their powers of choice are broad. They decide what forty to fifty million Americans will learn of the day's events in the nation and the world. [...]

It must be recognized that the networks have made important contributions to the national knowledge. Through news, documentaries and specials, they have often used their power constructively and creatively to awaken the public conscience to critical problems.

The networks made « hunger » and « black lung » disease national issues overnight. The TV networks have done what no other medium could have done in terms of dramatizing the horrors of war. They have focused the nation's attention on its environmental abuses, on pollution in the Great Lakes, and the threatened ecology of the Everglades.

But it was also the networks that elevated Stokely Carmichael and George Lincoln Rockwell from obscurity to national prominence. Nor is their power confined to the substantive. A raised eyebrow, an inflection of the voice, a caustic remark dropped in the middle of a broadcast can raise doubts in a million minds about the veracity of a public official or the wisdom of a government policy. [...]

To a man, these commentators and producers live and work in the geographical and intellectual confines of Washington, D.C. or New York City. Both communities bask in their own provincialism, their own parochialism. We can deduce that these men thus read the same newpapers, and draw their political and social views from the same sources. Worse, they talk constantly to one another, thereby providing artificial reinforcement to their shared viewpoints. [...]

The American people would rightly not tolerate this kind of concentration of power in government. Is it not fair and relevant to question its concentration in the hands of a tiny and closed fraternity of privileged men, elected by no one, and enjoying a monopoly sanctioned and licensed by government ? [...]

Gresham's law seems to operating in the network news. Bad news drives out good news. The irrational is more controversial than the rational. Concurrence can no longer compete with dissent. [...] The upshot of all this controversy is that a narrow and distorted picture of America often emerges from the televised news. A single dramatic piece of the mosaic becomes, in the minds of millions, the whole picture. The American who relies upon television for his news might conclude that the majority of American students are embittered radicals ; that the majority of black Americans feel no regard for their country ; that violence and lawlessness are the rule, rather than the exception, on the American campus. None of these conclusions is true.

Source : Vice-président Spiro AGNEW, *Address before the Midwest Regional Committee*, Des Moines (Iowa), 13 novembre 1969.

7 THE BABY BOOMERS HIT THE CAMPUSES

Troisième facteur dans le phénomène des Sixties *: la jeunesse. Dans l'après-guerre, il était né chaque année un million de bébés de plus que la normale. En 1960, l'âge médian de la population baissa pour la première fois dans l'histoire, passant en dessous de 30 ans. Ces jeunes gens des classes moyennes, élevés dans les nouvelles banlieues et devant la télévision, arrivaient à l'adolescence nourris des grands principes de l'américanisme et mal préparés à les voir bafoués dans le monde réel. Ils n'avaient connu ni la Dépression, ni la guerre mondiale. L'expansion des sciences et techniques provoquant celle de l'enseignement supérieur, pour ces jeunes faire des études supérieures devenait un droit. Ils seraient 6 millions d'étudiants en 1968, contre 432 000 en 1950. Sur leurs campus microcosmiques, ils étaient, plus encore que l'Américain moyen, remplis d'énergie et d'optimisme béat. Ils voulaient jouir de la vie mais aussi effacer les laideurs de leur pays. Et parce qu'ils étaient, non des immigrants sortis d'une Europe rétrograde avec des idéologies dangereuses, non quelques* beatniks *ou militants de groupuscules comme à la fin des années 50 — mais* the kids, *et des centaines de milliers — ils eurent une profonde influence. Elle permit au pays d'affronter vigoureusement de vieux et graves problèmes, comme le sort des Noirs, des pauvres ou de l'environnement. Les enfants des milieux populaires (ouvriers du Nord, ruraux du Sud et du Midwest), n'allant pas au* college, *partaient au Vietnam, de même que les jeunes Noirs. Ces petits Blancs, attachés au patriotisme, à la morale, aux usages traditionnels, ont formé un rempart contre le radicalisme, plus discret mais efficace.*

When the war ended, the ex-GIs formed an enrollment tidal wave that washed over American colleges. Facilities were strained to the breaking point as veterans joined the regular (18-22 age group) students in college during the years of 1945, 1946, and 1947. [...]

By 1951, most of the World War II vets were out of college, and, additionally, the draft calls of the Korean War were thinning the ranks of Depression babies who might have enrolled in college. By 1952, there were fewer college students than in 1950, by 1954 fewer than in 1952, and by 1956, while up again a bit, still fewer than 1950.

Interestingly, while a form of collegiate calm prevailed during those years, there was a severe case of pedagogical panic in the lower grades —and with reason, for war babies and post-war babies were creating a new flood, flowing into kindergartens, elementary schools, junior highs, and—soon—high schools as well. As the fifties wore on, the panic in the pre-college grades lessened. Successively, the elementary schools, the junior highs, and eventually even the high schools tuned down the volume of their pleas for help.

If the first year of the baby boom was 1943 (the first recent year with over 3 million live births), then the six-grade elementary school would have passed its crisis in 1955. If the boom is seen to have begun in 1947 (first year with more than 3.5 million babies), then that elementary school saw daylight after 1959. (Technically, one could determine the boom year as 1954—the first 4-million-plus birth year—and then the elementary school would be in the clear by 1966. But during the period from '47 to '54 the growth was steady, gradual, and extended, quite unlike the sharp rise that characterized the years during and immediately following the war.)

While the lower-level schools were taking their lumps, the colleges generally rode out the decade of the fifties in fine style. Toward the end of the decade some colleges even had the audacity to concentrate on *educational* rather than population problems. There was talk of « catching up » to the Russians in scientific education, and a good deal of thought was devoted to the role of the academic and his student in a twentieth-century world.

All this, of course, could not last forever.

On one hand, the first classes of the baby boom were starting their march on college classrooms : in 1961, the 1943 baby was in his freshman year. The post-war babies were perhaps beginning to ask for catalogs and application blanks. |...| Colleges today in the ensuing decade or so are faced with crisis. Unlike the elementary schools earlier, the colleges not only have to face the huge maturing population cohorts (the 1946 baby goes to college in 1964, the 1947 baby in 1965) but must also contend with the ever increasing *percentages* of young Americans who now attend college. The rate of 20-24-year-olds in school followed a 7 %-9 %-13 %-17 % progression over the 1940-50-60-63 years, and it is still rising today.

In other words, the two separate lines on the graph will meet in the next few years : The post-war babies constitute a larger college-age population, while larger percentages of young people of college age will be wanting to go on to higher education. The prognosis would seem to be chaos.

Because trends in school enrollment are of vital importance to educational and governmental institutions all over the country, the Census Bureau has issued a series of projections of the expected enrollment at various school levels through the year 1980. What these projections show for college enrollment in the next decade is enough to send shivers up and down faculty and staff spines all across the land. In 1960 there were an estimated 3.5 million students in college. By 1963, there were 4.3 million, and one series in the census projection indicated that by 1965 there would be 5.3 million in college and by 1970, over 7 million. Thus, in the decade 1960 to 1970 the number of Americans in college is expected to double. An additional $3^{1/2}$ million more spaces in college are required—or an amount equal to the whole college establishment in 1960.

Can the nation double college enrollment in a decade and carry it off ?

There is reason to believe that the nation can and will deal with this traffic adequately—if for no other reason than the historical one that the United States has grown rather adept at handling crises when there is sufficient public pressure to have them dealt with.

Under the first impact of this pressure, the colleges in the early part of the mid-sixties are preparing their crisis-base, just as elementary schools did a decade ago. Huge building and plant expansion programs are under way in many states. New institutions are rising, particularly two-year junior colleges.

Federal aid to education is increasing, and an increasing emphasis is now on aid to colleges.

We can expect, then, that the nation's colleges will weather the storm. They may be thoroughly changed vessels by the time the weather clears, but they will still be afloat, and, as now, an American youth seeking higher education will be able to find it.

But when will the weather clear ? It was an easy question to answer for the GI flood : « four or five years after the war. » The question was not even so difficult to answer when the baby boom hit the lower level schools—the six-grade elementary school would have established a crisis-base six years after the wave started. But there are no such easy answers for the colleges. Four college classes after the beginning of the baby boom inundation will only have accounted for the demographic rise and for the percentage rise until that point. But, unlike the earlier situation with elementary schools, the percentage of students attending college keeps going up.

When will the weather clear ? Maybe never. We hope not, because thunder clouds, lightning, and all, this educational storm is the fair weather of the American civilization.

Source : *Ben J. WATTENBERG,* This USA : An Unexpected Family Portrait, *New York : Doubleday, 1965.*

Lectures complémentaires

R. Ostermann et M.R. Arnold, *The Pill and Its Impact,* New York : National Observer, 1967.

Jean Rivière, *Les États-Unis à l'horizon de la troisième révolution industrielle,* Presses Universitaires de Nancy, 1986.

Louis B. Russell, *The Baby Boom Generation and the Economy,* Washington, D.C. : Brookings, 1982.

CHAPITRE II
JOHN FITZGERALD KENNEDY

Il était le plus jeune des Présidents jamais élus. Il semblait beau, énergique, brillant, sûr de lui, courageux, progressiste. Il incarnait superbement ce que les *Sixties* voulaient être — et pas seulement la jeunesse universitaire. Son assassinat, par contre, symbolise la face hideuse des *Sixties*, celle du crime de rue et des tueries en Asie. Premier Président catholique et irlandais, il démontrait l'intégration des humbles non-WASPs de la grande vague d'immigration du tournant du siècle. Mais, diplômé de Harvard, JFK se joignit à sa femme Jackie pour ranimer à la Maison blanche des soucis de raffinement et de luxe. Dressé par son père milliardaire, ce fauve de la politique, capitaine héroïque de la vedette PT-109, de la *US Navy*, avait été élu député en 1946, sénateur en 1952. Puis en 2 ans et 10 mois de présidence, il sut, par l'utilisation des médias, de la télévision surtout (conférences de presse en direct) créer un mythe Kennedy, dont ont profité ses frères Robert et Edward. Il s'entoura de remarquables technocrates : on vit en eux les chevaliers du Roi Arthur à sa cour de Camelot.

La victoire de JFK sur Nixon en 1960 avait tenu à quelques milliers de voix. Le Congrès ne le prit pas au sérieux et les milieux d'affaire se méfièrent de lui, surtout après son affrontement de 1962 avec la sidérurgie. Bien qu'il existât un vaste consensus de l'opinion contre le communisme et pour la libre entreprise, bien que fussent acceptés le rôle économique du gouvernement fédéral, les droits des minorités et des syndicats ; et bien que la prééminence du Président en politique étrangère et intérieure fût désormais admise par tous — le bilan de JFK est très maigre. Sa mort tragique le fait souvent oublier. Ironiquement, c'est le traumatisme qu'elle engendra qui permit de faire voter tous les projets qu'il avait été incapable de faire accepter par le Congrès.

1 SETTING THE AGENDA FOR THE SIXTIES

Ike avait donné l'impression de baigner béatement dans l'ordre établi : l'Amérique reprenait son souffle après la Grande dépression et des guerres diverses. Or, c'est le Vice-président d'Eisenhower qu'en 1960 Kennedy affronta dans la course au pouvoir. Les slogans de JFK : « Remettre l'Amérique en mouvement », explorer une « Nouvelle frontière ». Entouré de remarquables conseillers, il avait une conscience assez claire des problèmes, mais comme une majorité d'Américains, il les croyait faciles à résoudre. Pour ce faire, il manqua d'abord de temps. Et il manqua de crédit auprès du Congrès. C'est Johnson, peu populaire mais fort efficace, qui après sa mort réalisa son programme. Mais c'est Kennedy qui avait fourni l'indispensable moral leadership *que pratiquent tous les grands présidents : il avait indiqué les nobles buts à atteindre et enflammé l'idéalisme de ses concitoyens.*

Mr. SPEAKER, Mr. VICE PRESIDENT, AND MEMBERS OF THE CONGRESS :

[...] The present state of our economy is disturbing. We take office in the wake of 7 months of recession, 3 1/2 years of slack, 7 years of diminished economic growth, and 9 years of falling farm income. Business bankruptcies have reached their highest level since the great depression. Since 1951 farm income has been squeezed down by 25 percent. Save for a brief period in 1958, insured unemployment is at the highest peak in our history. Of some 5 1/2 million Americans who are without jobs, more than 1 million have been searching for work for more than 4 months. [...]

In short, the American economy is in trouble. The most resourceful industrialized country on earth ranks among the last in economic growth. Since last spring our economic growth rate actually receded. Business investment is in a decline. Profits have fallen below predicted levels. Construction is off. A million unsold automobiles are in inventory. Fewer people are working — and the average workweek has shrunk well below 40 hours. Yet prices have continued to rise — so that now too many Americans have *less* to spend for items that cost them *more* to buy. [...]

I will propose to the Congress within the next 14 days measures to improve unemployment compensation — to provide more food to the families of the unemployed, and aid to their needy children—to redevelop our areas of chronic labor surplus — to expand the services of the U.S. Employment Offices — to stimulate housing and construction — to secure more purchasing power for our lowest paid workers by raising and expanding the minimum wage — to offer tax incentives for sound plant investment — to increase the development of our natural resources — to encourage price stability — and to take other steps aimed at insuring a prompt recovery and paving the way for increased long-range growth. This is not a partisan program concentrating on our weaknesses — it is, I hope, a national program to realize our strength. [...]

Since 1958, the gap between the dollars we spend or invest abroad and the dollars returned to us here has substantially widened. This overall deficit in our balance of payments increased by nearly $11 billion in the last 3 years — and holders of dollars abroad converted them to gold in such quantity as to cause a total outflow of nearly $5 billion of gold from our gold reserve. The 1959 deficit was caused in large part by the failure of our exports to penetrate foreign markets — the result both of restrictions on our goods and our own uncompetitive prices. [...] Meanwhile this country has continued to bear more than its share of the West's military and foreign aid obligation. Under existing policies, another deficit of $2 billion is predicted for 1961.

All this is cause for concern — but it is not cause for panic. For our monetary and financial position remains exceedingly strong. In short, we need not — and we shall not — take any action to increase the dollar price of gold from $35 an ounce — to impose exchange controls — to reduce our antirecession efforts — to fall back on restrictive trade policies — or to weaken our commitments around the world. [...]

Barring the development of urgent national defense needs or a worsening of the economy, it is my current intention to advocate a program of expenditures which, including revenues from a stimulation of the economy, will not of and by themselves unbalance the earlier budget.

However, we will do what must be done. For our national household is cluttered with unfinished and neglected tasks. Our cities are being engulfed in squalor. Twelve long years after Congress declared our goal to be « a decent home and a suitable environment for every American family, » we still have 25 million Americans living in substandard homes. A new housing program under a new Housing and Urban Affairs Department will be needed this year.

Our classrooms contain 2 million more children than they properly have room for, taught by 90,000 teachers not properly qualified to teach. One-third of our most promising high school graduates are financially unable to continue the development of their talents. The war babies of the 1940's, who overcrowded our schools in the 1950's, are now descending in the 1960's upon our colleges — with two college students for every one 10 years from now — and our colleges are ill prepared. We lack the scientists, the engineers, and the teachers our world obligations require. We have neglected oceanography, saline water conversion, and the basic research that lies at the root of all technological progress. Federal grants for both higher and public school education can no longer be delayed.

Medical research has achieved new wonders — but these wonders are too often beyond the reach of too many people, owing to a lack of income (particularly among the aged), a lack of hospital beds, a lack of nursing homes, and a lack of doctors and dentists. Measures to provide health care for the aged under social security, and to increase the supply of both facilities and personnel, must be undertaken this year.

Our supply of clean water is dwindling. Organized and juvenile crimes cost the taxpayers millions of dollars each year, making it essential that we have improved enforcement and new legislative safeguards. The denial of constitutional rights to some of our fellow Americans on account of race — at the ballot box and elsewhere — disturbs the national conscience, and subjects us to the charge of world opinion that our democracy is not equal to the high promise of our heritage. |...|

But all these problems pale when placed beside those which confront us around the world. [...]

In Asia, the relentless pressures of the Chinese Communists menace the security of the entire area — from the borders of India and South Viet Nam to the jungles of Laos, struggling to protect its newly won independence. We seek in Laos what we seek in all Asia, and, indeed, in all the world — freedom for the people and independence for their government. This Nation shall persevere in our pursuit of these objectives.

In Africa, the Congo has been brutally torn by civil strife, political unrest, and public disorder. We shall continue to support the heroic efforts of the United Nations to restore peace and order. [...]

In Latin America, Communist agents seeking to exploit that region's peaceful revolution of hope have established a base on Cuba, only 90 miles from our shores. Our objection with Cuba is not over the people's drive for a better life. Our objection is to their domination by foreign and domestic tyrannies. [...] We are pledged to work with our sister Republics to free the Americas of all such foreign domination and all tyranny, working toward the goal of a free hemisphere of free governments, extending from Cape Horn to the Arctic Circle.

In Europe our alliances are unfulfilled and in some disarray. The unity of NATO has been weakened by economic rivalry and partially eroded by national interest. [...]

First, we must strengthen our military tools. [..] I have, therefore, instructed the Secretary of Defense to reappraise our entire defense strategy. [...] I have asked the Defense Secretary to initiate immediately three new steps clearly needed now :

(a) I have directed prompt action to increase our airlift capacity.

(b) I have directed prompt action to step up our Polaris submarine program.

(c) I have directed prompt action to accelerate our entire missile program. [...]

Secondly, we must improve our economic tools. Our role is essential and unavoidable in the construction of a sound and expanding economy for the entire non-Communist world, helping other nations build the strength to meet their own problems, to satisfy their own aspirations, and to surmount their own dangers.

(a) I intend to ask the Congress for authority to establish a new and more effective program for assisting the economic, educational, and social development of other countries and continents. [...]

(b) I hope the Senate will take early action approving the convention establishing the Organization for Economic Cooperation and Development. [...]

(c) To our sister Republics to the south, we have pledged a new alliance for progress — alianza para progreso. Our goal is a free and prosperous Latin America, realizing for all its states and their citizens a degree of economic and social progress that matches their historic contributions of culture, intellect, and liberty. [...]

(d) This administration is expanding its new food-for-peace program in every possible way. The product of our abundance must be more effectively used to relieve hunger and help economic growth in all corners of the globe. [...]

(e) An even more valuable national asset is our reservoir of dedicated men and women — not only on our college campuses but in every age group — who have indicated their desire to contribute their skills, their efforts, and a part of their lives to the fight for world order. We can mobilize this talent through the formation of a National Peace Corps, enlisting the services of all those with the desire and capacity to help foreign lands meet their urgent needs for trained personnel.

(f) Finally, while our attention is centered on the development of the non-Communist world, we must never forget our hopes for the ultimate freedom and welfare of the eastern European peoples. In order to be prepared to help reestablish historic ties of friendship, I am asking the Congress for increased discretion to use economic tools in this area whenever this is found to be clearly in the national interest. [...]

Third, we must sharpen our political and diplomatic tools — the means of cooperation and agreement on which an enforceable world order must ultimately rest.

(a) I have already taken steps to coordinate and expand disarmament effort — to increase our programs of research and study — and to make arms control a central goal of our national policy under my personal direction. The deadly arms race, and the huge resources it absorbs, have too long overshadowed all else we must do. [...] I have asked the other governments concerned to agree to a reasonable delay in the talks on a nuclear test ban. [...]

(b) We must increase our support of the United Nations as an instrument to end the cold war instead of an arena in which to fight it. [...]

(c) Finally, this administration intends to explore promptly all possible areas of cooperation with the Soviet Union and other nations « to invoke the wonders of science instead of its terrors. » Specifically. I now invite all nations — including the Soviet Union — to join with us developing a weather prediction program, in a new communications satellite program, and in preparation for probing the distant planets of Mars and Venus, probes which may someday unlock the deepest secrets of the universe.

Today this country is ahead in the science and technology of space, while the Soviet Union is ahead in the capacity to lift large vehicles into orbit. Both nations would help themselves as well as other nations by removing these ejb Afrom the bitter and wasteful competition of the cold war. [...]

Source : Président John F. KENNEDY, premier Message sur l'état de l'Union, 30 janvier 1961.

2 CRISIS IN CUBA

Au moins depuis la fin du 19e siècle, les États-Unis considèrent l'Amérique centrale et les Caraïbes comme une chasse gardée et pendant longtemps ils n'eurent aucun scrupule à y expédier leurs marines. *De toutes les Antilles, Cuba est la plus proche des USA. Elle avait été en 1898 le prétexte de leur guerre, brève et très profitable, contre l'Espagne. Et ils n'avaient pas apprécié qu'après avoir renversé le dictateur Battista soutenu par eux, Castro ait remplacé leur semi-protectorat par un autre, russe celui-là. À peine arrivé à la Maison blanche, JFK avait dû endosser l'échec rapide du débarquement, à la Baie des cochons (Avril 1961), d'anti-castristes entraînés par une CIA très mal informée.*

La seconde crise cubaine, déclenchée par les photos d'un avion-espion qui confirmaient des rumeurs, fit sérieusement craindre une troisième guerre mondiale. Elle se termina à l'avantage de JFK. En position politique médiocre, quelques semaines avant des élections législatives, il ne pouvait se montrer faible. Son attitude très ferme (mais dangereuse) fit impression. Il y avait eu une rupture d'équilibre inexcusable : renonçant à forcer le blocus de la US Navy, Krouchtchev se résigna à retirer ses fusées, ce qui devait, deux ans plus tard, le faire remplacer par une direction moins portée sur la dé-stalinisation et la détente.

|...| This government, as promised, has maintained the closest surveillance of the Soviet military build-up on the island of Cuba. Within the past week, unmistakable evidence has established the fact that a series of offensive missile sites is now in preparation on that imprisoned island. The purpose of these bases can be none other than to provide a nuclear strike capability against the Western Hemisphere. |...|

This urgent transformation of Cuba into an important strategic base, by the presence of these large, long-range and clearly offensive weapons of sudden mass destruction, constitutes an explicit threat to the peace and security of all the Americas, in flagrant and deliberate defiance of the Rio pact of 1947, the traditions of this nation and hemisphere, the Joint Resolution of the Eighty-seventh Congress, the Charter of the United Nations and my own public warnings to the Soviets on September 4 and 13. This action also contradicts the repeated assurances of Soviet spokesmen, both publicly and privately delivered, that the arms build-up in Cuba would retain its original defensive character, and that the Soviet Union had no need or desire to station strategic missiles on the territory of any other nation. [...]

For many years both the Soviet Union and the United States, recognizing this fact, have deployed strategic nuclear weapons with great care, never upsetting the precarious status quo which insured that these weapons would not be used in the absence of some vital challenge. [...]

This secret, swift and extraordinary build-up of Communist missiles, in an area well known to have a special and historical relationship to the United States and the nations of the Western Hemisphere, in violation of Soviet assurances and in defiance of American and hemispheric policy—this sudden, clandestine decision to station strategic weapons for the first time outside of Soviet soil is a deliberately provocative and unjustified change in the status quo which cannot be accepted by this country, if our courage and our commitments are ever to be trusted again by either friend or foe. The 1930's taught us a clear lesson : aggressive conduct, if allowed to grow unchecked and unchallenged, ultimately leads to war. [...]

Acting, therefore, in the defense of our own security and of the entire Western Hemisphere, and under the authority entrusted to me by the Constitution as endorsed by the Resolution of the Congress, I have directed that the following initial steps be taken immediately : First, to halt this offensive build-up, a strict quarantine on all offensive military equipment under shipment to Cuba is being initiated. All ships of any kind bound for Cuba from whatever nation or port will, if found to contain cargoes of offensive weapons be turned back. [...]

Second, I have directed the continued and increased close surveillance of Cuba and its military build-up. Should these offensive military preparations continue, thus increasing the threat to the hemisphere, further action will be justified. I have directed the armed forces to prepare for any eventualities ; and I trust that, in the interest of both the Cuban people and the Soviet technicians at the sites, the hazards to all concerned of continuing this threat will be recognized. [...]

Third, it shall be the policy of this nation to regard any nuclear missile launched from Cuba against any nation in the Western Hemisphere as an attack by the Soviet Union on the United States, requiring a full retaliatory response upon the Soviet Union.

Fourth, as a necessary military precaution, I have reinforced our base at Guantanamo, evacuated today the dependents of our personnel there and ordered additional military units to be on a stand-by alert basis.

Fifth, we are calling tonight for an immediate meeting of the Organ of Consultation under the Organization of American States, to consider this threat to hemispheric security and to invoke Articles 6 and 8 of the Rio Treaty in support of all necessary action. [...]

Sixth, under the Charter of the United Nations, we are asking tonight that an emergency meeting of the Security Council be convoked without delay to take action against this latest Soviet threat to world peace.

Seventh and finally, I call upon Chairman Khrushchev to halt and eliminate this clandestine, reckless and provocative threat to world peace and to stable relations between our two nations. I call upon him further to abandon this course of world domination, and to join in an historic effort to end perilous arms race and transform the history of man. [...]

Source : Président John F. KENNEDY, *(televised) Address to the Nation*, 22 octobre 1962.

3 TEST BAN TREATY SIGNED

Du fiasco de la Baie des cochons à la peu glorieuse évacuation du Vietnam, la période semble placée sous le signe du conflit avec l'hégémonie rivale, communiste. Et sous le signe de l'échec. C'est alors pourtant que les États-Unis passèrent du brinkmanship, *du flirt avec l'affrontement, pratiqué par John Foster Dulles sous Eisenhower et par JFK lors de la deuxième crise urbaine, à la* détente *qui serait cultivée par Henry Kissinger sous Nixon. La préoccupation majeure des Américains était alors de maintenir la paix avec l'URSS. Après la crise des missiles à Cuba, les ventes d'abris anti-atomiques montèrent en flèche. Ayant prouvé sa force dans cette crise, JFK se trouvait en bonne position pour obtenir signature et ratification du traité banissant les essais atomiques dans l'atmosphère et sous l'eau. Il est souvent considéré comme le meilleur héritage qu'ait laissé JFK, du point de vue politique autant qu'écologique : les deux blocs convenaient enfin de restreindre la course aux armements. En août 1963 fut mis en opération le « téléphone rouge », téléscripteur d'urgence entre Washington et Moscou. Les négociations poursuivies, en particulier par Johnson à Glassboro en 1967, allaient mener à l'accord SALT I de 1972 et au traité SALT II (non ratifié) de 1979.*

I speak to you tonight in a spirit of hope. Eighteen years ago the advent of nuclear weapons changed the course of the world as well as the war. Since that time, all mankind has been struggling to escape from the darkening prospect of mass destruction on earth. In an age when both sides have come to possess enough nuclear power to destroy the human race several times over, the world of Communism and the world of free choice have been caught up in a vicious circle of conflicting ideology and interest. Each increase of tension has produced an increase of arms ; each increase of arms has produced an increase of tension.

In these years the United States and the Soviet Union have frequently communicated suspicion and warnings to each other, but very rarely hope. Our representatives have met at the summit and at the brink ; they have met in Washington and in Moscow, in Geneva and at the United Nations. But too often these meetings have produced only darkness, discord or disillusion.

Yesterday a shaft of light cut into the darkness. Negotiations were concluded in Moscow on a treaty to ban all nuclear tests in the atmosphere, in outer space and underwater. For the first time, an agreement has been reached on bringing the forces of nuclear destruction under international control. |...|

The treaty initialed yesterday, therefore, is a limited treaty which permits continued underground testing and prohibits only those tests that we ourselves can police. It requires no control posts, no on-site inspection, no international body. |...|

Nevertheless, this limited treaty will radically reduce the nuclear testing which would otherwise be conducted on both sides ; it will prohibit the United States, the United Kingdom, the Soviet Union and all others who sign it from engaging in the atmospheric tests which have so alarmed mankind ; and it offers to all the world a welcome sign of hope. |...|

This treaty is in part the product of Western patience and vigilance. We have made clear, most recently in Berlin and Cuba, our deep resolve to protect our security and our freedom against any form of aggression. We have also made clear our steadfast determination to limit the arms race. |...|

This treaty is in part the product of Western patience and vigilance. We have made clear, most recently in Berlin and Cuba, our deep resolve to protect our security and our freedom against any form of aggression. We have also made clear our steadfast determination to limit the arms race. |...|
toward reason, a step away from war. Here is what this step can mean to you and to your children and your neighbors.

First, this treaty can be a step toward reduced world tension and broader areas of agreement. |...| A war today or tomorrow, if it led to nuclear war, would not be like any war in history. A full-scale nuclear exchange, lasting less than sixty minutes, with the weapons now in existence, could wipe out more than 300 million Americans, Europeans and Russians, as well as untold numbers elsewhere. And the survivors, as Chairman Khrushchev warned the Communist Chinese, « The survivors would envy the dead. » For they would inherit a world so devastated by explosions and poison and fire that today we cannot even conceive of its horrors. So let us try to turn the world from war. Let us make the most of this opportunity, and every opportunity, to reduce tension, to slow down the perilous nuclear arms race and to check the world's slide toward final annihilation.

Second, this treaty can be a step toward freeing the world from the fears and dangers of radioactive fallout. Our own atmospheric tests last year were conducted under conditions which restricted such fallout to an absolute minimum. But over the years the number and the yield of weapons tested have rapidly increased and so have the radioactive hazards from such testing. [...]

Third, this treaty can be a step toward preventing the spread of nuclear weapons to nations not now possessing them. [...] I ask you to stop and think for a moment what it would mean to have nuclear weapons in so many hands, in the hands of countries large and small, stable and unstable, responsible and irresponsible, scattered throughout the world. [...] If only one thermonuclear bomb were to be dropped on any American, Russian or any other city, whether it was launched by accident or design, by a madman or by an enemy, by a large nation or by a small, from any corner of the world, that one bomb could release more destructive power on the inhabitants of that one helpless city than all the bombs dropped in the Second World War.

Fourth and finally, this treaty can limit the nuclear arms race in ways which, on balance, will strengthen our nation's security far more than the continuation of unrestricted testing. [...]

Source : Président John F. KENNEDY, discours télévisé du 26 juillet 1963.

4 SAIGON : DIEM ASSASSINATED

Après la défaite japonaise de 1945, les Français durent combattre pour rétablir leur pouvoir sur l'Indochine. Cernés à Dien Bien Phu (mai 1954), ne recevant pas l'aide espérée des États-Unis, ils subirent un désastre et durent abandonner leurs colonies indochinoises (juillet 1954). L'ensemble Tonkin-Annam-Cochinchine fut coupé en deux par une zone démilitarisée. Le nord du Vietnam était entre les mains des communistes, et le sud sous la férule de l'empereur Bao Daï. Ce dernier fut déposé en 1955 par son Premier ministre (catholique du Nord) Ngo Dinh Diem dont le régime autoritaire fut soutenu par les États-Unis, à raison de $ 500 millions en 1963. Leurs conseillers (2 000 en 1961, 15 000 en 1963) vinrent organiser l'armée du Sud, l'ARVN. Diem put écraser diverses sectes politico-religieuses et même un coup d'État nationaliste en 1960 — mais pas le Vietcong communiste constitué en 1960 qui l'emportait sur une ARVN mal entraînée, démoralisée, corrompue. Pas non plus les bouddhistes, dont les bonzes commencèrent à s'immoler par le feu. Les envoyés militaires et civils américains chantaient la réussite de Diem — mais pas des correspondants comme celui du New York Times. *Par le biais de Lodge, son nouvel ambassadeur, Kennedy exigea des changements, dont l'arrêt de l'offensive anti-bouddhiste. Alors les militaires sud-vietnamiens passèrent au putsch.*

SAIGON — South Vietnam, Nov. 2 — President Ngo Dinh Diem and his brother Ngo Dinh Nhu, are dead in the wake of the military uprising that ended their regime. The military coup d'etat ended nine years of Ngo Dinh Diem's rule shortly before 7 a.m. when the palace was stormed by marines. [...]

Buddhist leaders who led the religious political protest movement against the Government and had been imprisoned since Aug. 21 when the Government raided pagodas, were freed today by the army. They were acclaimed by a huge, emotional crowd at Xa Loi Pagoda as they returned from prison. Seven Buddhist monks had burned themselves to death as part of the protest. Throughout the city, the population acclaimed the troops and food was given to the soldiers by many people. Though the city was under martial law, there was an air of jubilation |...|

The coup appeared to have been extremely well planned and to have gone like clockwork. Step by step, various areas of the city were sealed off and anti-Diem troops moved into key positions. Slowly the palace area was ringed with anti-Diem troops and armored vehicles.

During this period the generals attempted to get Ngo Dinh Diem and his brother to surrender, it is reported |...|. The negociations apparently broke down. The President and his brother were stubborn and resilient men. In the past, cornered in situations like this, they had been saved and this time they evidently hoped for someone to arrive and rescue them. But this time every general with troops was lending his name and support to the coup.

The struggle for survival of the Ngo Government has always been a difficult one. Plotters and would-be successors have always been numerous. Yet, in the view of some informed observers here, the Government sealed its own fate this year and turned increasing numbers of nominally loyal military leaders and public servants against it. |...| There was no one element that led to this climate but a complex intermingling of factors. The first was repression against first the Buddhists and then students during the spring and summer unrest. |...|

A second factor in the view of some officers, is that there was fear among many high officers that Ngo Dinh Nhu was talking with Hanoi about the possibility of a neutralist Vietnam. For many officers deeply committed to years of fighting the Communists, a neutralist solution might mean death for them and their families.

Source : David Halberstam, dépêche dans le *New York Times*, 3 décembre 1963.

5 KENNEDY KILLED : THE FACTS...

J.F. Kennedy, catholique d'une métropole du Nord-Est, réputé progressiste, désirait s'assurer le soutien du Sud pour sa ré-élection en 1964, d'où son voyage fatal. Le très impopulaire Harding, le très malade F.D. Roosevelt étaient morts pendant leur mandat ; Theodore Roosevelt et Truman avaient été la cible d'attentats — mais aucun Président n'avait été tué depuis McKinley en 1901. Et la Présidence avait depuis lors acquis des responsabilités bien plus vastes. Le choc fut d'autant plus brutal qu'il s'agissait d'un personnage jeune et séduisant, qui avant d'avoir pu faire ses preuves était fauché par un fou : et d'après Earl Warren et sa commission d'enquête, un fou isolé, ce dont beaucoup doutent encore. Le choc fut d'autant plus intense que 175 millions d'Américains suivirent les funérailles pas à pas, les networks *ayant annulé toutes leurs émissions commerciales. Ainsi y eut-il canonisation immédiate. Cet assassinat (lié à celui de l'assassin, filmé en direct deux jours plus tard) est, avec la marche sur la Lune en 1969, l'événement des années 60 qui s'est le plus profondément gravé dans la mémoire des Américains. Plus que jamais il existerait désormais entre les Américains et le Président une relation quasiment personnelle, au grand dam d'ailleurs de Johnson et Nixon.*

To President Kennedy, popularity was the breath of life—and now he was breathing of it deeply. Texas was supposed to be a hostile political land, but for 23 hours he had been acclaimed there. |...| As the President's car approached an underpass near the intersection of Elm, Main and Commerce Streets, Nellie Connally [1] turned to Kennedy, said laughingly : « You can't say that Dallas isn't friendly to you today. » The President started to reply...

That reply was stilled by a shot. It was 12 :30 p.m. C.S.T., and in a split second a thousand things happened. The

President's body slumped to the left ; his right leg shot up over the car door. A woman close by at the curb saw it, « My God ! » she screamed. « He's shot ! » Blood gushed from the President's head as it came to rest in Jackie's lap. « Jack ! » she cried. « Oh, no ! No ! »

There was a shocked, momentary stillness, a frozen tableau. Then Kennedy's driver cried : « Let's get out of here quick ! » He automatically pulled out of the motorcade—the set procedure in emergencies. The Secret Service agent next to him grabbed the radio telephone, called ahead to the police escorts, and ordered them to make for the nearest hospital. Jackie bent low, cradling the President's head in her lap, and the Lincoln bolted ahead as if the shots themselves had gunned the engine into life. Spurting to 70 m.p.h., it fled down the highway, rounding curves on two wheels. |...|

Five minutes later, the cars arrived at the emergency entrance of Parkland Memorial Hospital on Harry Hines Boulevard. The agents ran inside to get stretchers. John Connally was still conscious. |...| But the President never regained consciousness. |...|

At the assassination scene, meanwhile, that first moment of stillness gave way to frantic, confused movement. Newsmen aboard the press bus far back in the procession yelled for the driver to stop, while others told him to keep moving. The bus jolted ahead, past horrified faces, frantically running figures, huddling women. A cop dropped to the ground and drew his revolver. A man fell on a grassy knoll, beating the earth with both fists in mindless fury. A heavy-set policeman began running, tripped, fell, scrambled to his feet, lumbered on. Police cars and motorcycle patrolmen stopped dead in their tracks. The officers got out, guns drawn, to search aimlessly. For what ? For anything.

They surrounded the schoolbook warehouse. Dozens of them poured inside with shotguns and began a room-to-room search. And near the fifth-floor landing, half hidden behind crates of textbooks, they found an Italian-made kind of 6.5-mm. rifle fitted with a fourpower telescopic sight. One flight above, near a sixth-floor window only 75 yds. from the point where Kennedy and Connally were shot, they discovered remmants of a chicken dinner in a bag, an empty pop bottle, and three spent cartridge cases. The assassin was gone. |...|

Lyndon Johnson, guarded by contingents of agents, was hurried away from the hospital to the airport. Press Aide Kilduff came out at 1 :36. His eyes red-rimmed, his voice barely controlled, he said : « President John F. Kennedy died at approximately 1 p.m. central standard time here in Dallas. He died of a gunshot wound in the brain. I have no other details of the assassination. » |...|

Inside Air Force One, trembling with the vibration of its idling engines, Jackie joined a sad and shaken group waiting for Lyndon Johnson to take his oath of office.

The plane's sweltering, gold-carpeted « living room » was crowded with 27 people. At Johnson's right was his wife Lady Bird. |...| Federal District Judge Sarah T. Hughes, a trim, tiny woman of 67 whom Kennedy had appointed to the bench in 1961, pronounced the oath in a voice barely audible over the engines. Johnson, his left hand on a small black Bible, his right held high, repeated firmly : *I do solemnly swear that I will faithfully execute the office of President of the United States, and will to the best of my ability, preserve, protect and defend the Constitution of the United States. So help me God.* |...| The ceremony in Air Force One occurred at 2 :38 p.m., just 98 minutes after John Kennedy was officially declared dead. |...|

Over Nob Hill and the Harvard Yard, across Washington's broad avenues and Pittsburgh's thrusting chimneys, in a thousand towns and villages the bells began to toll. In Caracas, Venezuela, a lone Marine sergeant strode across the lawn of the U.S. embassy while a soft rain fell, saluted the flag, then lowered it to half-mast. At U.S. bases from Korea to Germany, artillery pieces boomed out every half hour from dawn to dusk in a stately, protracted tattoo of grief.

It was the kind of feeling that words could hardly frame. At Boston's Symphony Hall, Conductor Erich Leinsdorf laid down his baton, raised it again for the funeral march from the *Eroica*. In a Washington street corner, a blind Negro woman plucked at the strings of her guitar, half-singing, half-weeping a dirge : « He promised never to leave me... ».

---

(1) Wife of Governor of Texas John Connally.

Source : « The Government Still Lives », *Time*, 29 novembre 1963.

...AND THE FEELINGS

The incredible, devastating news that engulfed all America and the world yesterday afternoon is still difficult of comprehension. Hours after the event it remains almost inconceivable that John Fitzgerald Kennedy, President of the United States, whose every word and action typified life and youth and strength, now lies dead of an assassin's bullet.

All of us — from the country's highest leaders to the humblest citizen — all of us are still in a state of shock from this stunning blow, that even now seems unreal in its grotesque horror. And hundreds of millions of people beyond our borders — throughout the hemisphere and across the seas — mourn, too, the loss of a President who gave worldwide reality to the American ideals of peace and freedom.

One's first thought turns in human sympathy to the President's family, to his wife who was by his side when he was struck down, to his little children, to his parents, to his brothers and sisters. The acutely personal loss they have suffered is intensified by the unusual closeness of their relationships within this tight-knit family.

The personal loss is deep and crushing : the loss to the nation and the world is historic and overpowering. John F. Kennedy was a man of intellect as well as action. He represented the vitality and the energy, the intelligence and the enthusiasm, the courage and the hope of these United States in the middle of this 20th century. On that day less than three years ago when he took the oath his great office, he said :

« Let the word go forth from this time and place, to friend and foe alike, that the torch has been passed to a new generation of Americans — born in this century, tempered by war, disciplined by a hard and bitter peace, proud of our ancient heritage — and unwilling to witness or permit the slow undoing of those human rights to which this nation has always been committed, and to which we are committed today at home and around the world. »

John F. Kennedy died in and for this belief, the belief in those human rights to which this nation has always been committed and to which in his days it recommitted itself — rights which we hope to see exercised around the world, but which we are determined to see exercised within our borders.

No madman's bullet can stop this inexorable march of human rights ; no murder, however tragic, can make it falter. In death as in life, the words and spirit of this our most newly martyred President will lead the nation ever closer towards fulfillment of the ideals of domestic brotherhood and international peace by which his Administration has been guided from the start.

Among the last words John F. Kennedy wrote were these : « In a world full of frustations and irritations, America's leadership must be guided by the lights of learning and reason. »

The light of reason was momentarily extinguished with the crack of a rifle shot in Dallas yesterday. But that light is, in reality, inextinguishable ; and, with God's help, it will show the way to our country and our country's leaders as we mourn for John F. Kennedy in the darkening days ahead.

Source : Editorial dans le *New York Times*, 23 novembre 1963.

Lectures complémentaires

Theodore H. White, *The Making of a President, 1960*, New York : Harper & Row, 1961.

Arthur M. Schlesinger, Jr., *Les 1000 jours de Kennedy*, Paris : Denoël, 1966. (traduction)

William Manchester, *The Death of a President*, New York : Harper & Row, 1967.

CHAPITRE III
LA COALITION ARC EN CIEL

Parce qu'ils formaient la plus nombreuse et la plus mal traitée des minorités raciales, ce sont les Noirs (19 millions en 1960 — 10,6 % de la population) qui avaient engagé la lutte ouverte après la condamnation de la ségrégation scolaire par la Cour suprême en 1954. Ce sont eux qui inaugurèrent des méthodes : boycott, occupation pacifique, campagne d'inscription sur les listes électorales, défilés. Et eux qui remportèrent les premiers succès par exemple, la grande publicité donnée au *sit in* de février 1960 dans des cafétérias de Greenboro (N.C.). Bientôt cependant les divers « Bruns » hispaniques (9 millions en 1970) suivirent leurs traces, et les « Peaux Rouges » (500 000 en 1960), et, beaucoup plus discrètement, les Jaunes (700 000 en 1960). Ils différaient par leur histoire, leur situation, leurs revendi-revendications et ils s'affrontèrent parfois. Mais tous, inspirés par les idéaux américains et par la décolonisation du Tiers monde (16 nations africaines étant devenues indépendantes en 1960), exigeaient une égalité de droits que, par racisme ou indifférence, la majorité blanche leur refusait. Tous leurs mouvements étaient progressistes. Sous prétexte de la brutalité de quelques incidents et de certains groupuscules, les contestataires furent présentés comme des révolutionnaires — d'où répression. En fait, avec un minimum de violence, en s'imposant aux médias, ils atteignirent leur but : être admis à s'intégrer peu à peu.

Ainsi, la coalition arc-en-ciel fut un facteur d'atmosphère et un moteur de changement. Après la suspension des quotas en 1964, l'immigration vint surtout du Sud et du Pacifique : Cubains, Haïtiens, Coréens, Philippins, Chinois (dont le nombre doubla), etc. Il s'ensuivit une diversité croissante de la coalition. Son militantisme et ses succès dans les années soixante marquèrent la multiracialité grandissante des États-Unis. Dans l'action les minorités de couleur prirent conscience de leurs forces. Sous l'effet des manifestations amplifié par les médias, l'opinion publique se mobilisa. Des lois fondamentales furent votées pour éliminer la discrimination raciale ; décisions de tribunaux et précédents s'accumulèrent. Quant au progrès économique et à l'intégration sociale, ils seraient atteints différemment, vite pour les Asiatiques, lentement pour les Afro-Américains.

1 KING : I HAVE A DREAM

Le pasteur Martin L. King a été le plus célèbre et le plus respecté des Noirs américains — témoin le prix Nobel de la paix reçu en 1964. Son courage paisible et son éloquence en firent une très efficace vedette des médias. Entre la NAACP qui depuis 1909 luttait pour l'égalité par des voies judiciaires surtout et quelques groupes radicaux, séparatistes même comme les Musulmans noirs, King menait une contestation non-violente, multiraciale, apolitique, populaire et très largement chrétienne. Avec sa Southern Christian Leadership Conference (SCLC, 1957) s'activaient des organisations comme la National Urban League (1910), le Congress of Racial Equality (1943) et (au moins au début) le récent Student Nonviolent Coordinating Committee (SNCC, 1960). Les racistes du Sud et réactionnaires du Nord (dont le FBI) virent en King un communiste et le harcelèrent. Au contraire, les extrémistes noirs voyaient en lui un collaborateur des Blancs, un Oncle Tom. En effet il était attaché au « rêve américain » et il voulait qu'il se réalise pour les Noirs. Du boycott de Montgomery en 1955-1956 à l'énorme rassemblement de Washington, aux défilés de Selma en 1965 et jusqu'à son assassinat à Memphis en 1968, il ne cessa de combattre les injustices racistes, dans le Sud surtout. C'est à lui plus qu'à tout autre que sont dues les lois passées en 1964-1965. Mais ces gains ne firent qu'aviver l'impatience des Noirs, dans le Nord surtout.

Five score years ago, a great American, in whose symbolic shadow we stand, signed the Emancipation Proclamation. This momentous decree came as a great beacon light of hope to millions of Negro slaves who had been seared in the flames of withering injustice. It came as a joyous daybreak to end the long night of captivity.

But one hundred years later, we must face the tragic fact that the Negro is still not free. One hundred years later, the life of the Negro is still sadly crippled by the manacles of segregation and the chains of discrimination. One hundred years later, the Negro lives on a lonely island of poverty in the midst of a vast ocean of material prosperity. One hundred years later the Negro still languishes in the corners of American society and finds himself an exile in his own land. So we have come here today to dramatize an appalling condition. |...|

We have also come to this hallowed spot to remind America of the fierce urgency of *now*. This is no time to engage in the luxury of cooling off or to take the tranquilizing drug of gradualism. *Now* is the time to make real the promises of democracy. |...| Those who hope that the Negro needed to blow off steam and will now be content will have a rude awakening if the nation returns to business as usual. |...|

But there is something that I must say to my people who stand on the warm threshold which leads into the palace of justice. |...| Again and again we must rise to the majestic heights of meeting physical force with soul force. The marvelous new militancy which has engulfed the Negro community must not lead us to a distrust of all white people, for many of our white brothers, as evidenced by their presence here today, have come to realize that their destiny is tied up with our destiny and their freedom is inextricably bound to our freedom. We cannot walk alone.

And as we walk, we must make the pledge that we shall march ahead. We cannot turn back. There are those who are asking the devotees of civil rights, « When will you be satisfied ? » We can never be satisfied as long as the Negro is the victim of the unspeakable horrors of police brutality. We can never be satisfied as long as our bodies, heavy with the fatigue of travel, cannot gain lodging in the motels of the highways and the hotels of the cities. We cannot be satisfied as long as the Negro's basic mobility is from a smaller ghetto to a larger one. We can never be satisfied as long as a Negro in Mississippi cannot vote and a Negro in New York believes he has nothing for which to vote. No, no, we are not satisfied, and we will not be satisfied until justice rolls down like waters and righteousness like a mighty stream. [...]

I say to you today, my friends, that in spite of the difficulties and frustrations of the moment I still have a dream. It is a dream deeply rooted in the American dream.

I have a dream that one day this nation will rise up and live out the true meaning of its creed : « We hold these truths to be self-evident ; that all men are created equal. »

I have a dream that one day on the red hills of Georgia the sons of former slaves and the sons of former slaveowners will be able to sit down together at the table of brotherhood.

I have a dream that one day even the state of Mississippi, a desert state sweltering with the heat of injustice and oppression, will be transformed into an oasis of freedom and justice.

I have a dream that my four little children will one day live in a nation where they will not be judged by the color of their skin but by the content of their character.

I have a dream today.

I have a dream that one day the state of Alabama, whose governor's lips are presently dripping with the words of interposition and nullification, will be transformed into a situation where little black boys and black girls will be able to join hands with little white boys and white girls and walk together as sisters and brothers.

I have a dream today.

I have a dream that one day every valley shall be exalted, every hill and mountain shall be made low, the rough places will be made plains, and the crooked places will be made straight, and the glory of the Lord shall be revealed, and all flesh shall see it together.

This is our hope. This is the faith with which I return to the South. With this faith we will be able to hew out of the mountain of despair a stone of hope. With this faith we will be able to transform the jangling discords of our nation into a beautiful symphony of brotherhood.

Source : Rev. M. L. King Jr., discours prononcé au Lincoln Memorial, à Washington, DC, le 28 août 1963.

2 *BOMB IN BLACK CHURCH : FOUR LITTLE GIRLS KILLED*

Le Sud restait à cette époque une région à part, pauvre, sous-developpée et sous-urbanisée. Trente ans après la fin de la ségrégation le racisme y sévit toujours. Dans les années 50 et 60, il paraissait normal aux Sudistes de s'opposer à l'égalité civique des Noirs et aux agitateurs nordistes qui venaient les aider. Cela dit, alors que dans le Nord on oubliait les Noirs dans des ghettos infâmes, dans le Sud à condition qu'ils restent séparés et inférieurs, on leur a toujours reconnu des droits et manifesté de la sympathie. D'où la révulsion que provoqua dans ce Deep South *évangélique l'assassinat de petites filles, dans un lieu de culte. Même pour les Sudistes, ç'en était trop : si l'on devait en arriver à cela, mieux valait renoncer à l'ordre ancien. Cet attentat fut l'un des actes de violence imbécile qui, saisis par les médias, convertirent l'Amérique à l'intégration, — comme en mai 1963 ces chiens que « Bull » Connor, chef de la police de Birmingham (Alabama) avait lancés sur un défilé d'enfants noirs ou, dans le Mississippi, l'assassinat du leader noir Medgar Evers en juin 1963 et en 1964 celui de trois militants de la campagne pour l'inscription sur les listes électorales.*

Would autumn and the court-ordered desegregation of Birmingham's public schools bring a new harvest of violence ? Schools opened. The Negroes entered. And the first week passed, disrupted only by noisy protests—little violence. But there was still Saturday, a dangerous day when the rednecks, with nothing much to do, would tank up in their jook joints [(1)]. Anything could happen on Saturday night.

But nothing did. And Sunday dawned quietly, a day of unvarying routine for most of Birmingham's 340,887 people :

best clothes, shiny shoes, Sunday school, church, chicken dinner, family visiting. Birmingham has 680 churches (425 white and 255 Negro), and city fathers are given to boasting that they are well attended.

Because his wife was ailing, Claude A. Wesley, 54, gray-haired principal of a Negro school, oversaw the Sunday morning routine for his daughter, a bubbly bright-eyed 14-year-old named Cynthia. [...] After pausing under the sugarberry trees before their brick-front home to wave good-by to Mrs. Wesley, father and daughter climbed in the family's black Mercury and drove to the 16th Street Baptist Church. Wesley let Cynthia out at the curb and gently shooed her toward the buff brick church. « You go on in, honey, » he said. « I'm going to get some gas and I'll be back in a minute. »

At 9 :22 a.m. Claude Wesley stood by his car at a service station two blocks from the church, watching the attendant fill the tank. Suddenly Sunday blew up. Rocks and glass rattled through the trees. Wesley heard screams and broke into a run toward the church. Someone had dynamited the Sunday school.

Within hours, the explosion sent a shock wave of horror and outrage throughout the South, across the land, around the world. The blast had killed four little Negro girls. There was every sign it would add new intensity to the seething racial turmoil of Birmingham—where bombings have been a commonplace—new fervor to the Negro revolt, new impetus to lagging Federal civil-rights legislation.

The first effect of the bombing, in Birmingham, was a fast-moving phantasmagoria of grief, terror, and hysteria. Pouring out of the church into the chilly street, women and children shrieked amid the debris. [...]

Outside the church, Claude Wesley had been walking around and around looking for Cynthia. Someone finally suggested that Claude Wesley should go to the hospital. There he met his slender wife and they were taken to a room where the dead girls lay covered. « They asked me if my daughter was wearing a ring, » the father said. « I said yes, she was, and they pulled her little hand out and the little ring was there. »

For hours, as the families tended their dead, the city threatened to blow up. Birmingham Negroes had endured many bombings. [...] In all, there have been 50 bombings since World War II and so many in one Negro residential section that it is known as Dynamite Hill. But this time, the aftermath was almost as bloody as the blast itself.

The reasons were not far to seek—in the long-steeping racism of Birmingham's whole seamy past ; in the ugly climate created by Gov. George C. Wallace through his latest defiance of the law and courts. [...] For days before the bombing, Birmingham's temperament, already inflamed, had been raised to fever pitch by Governor Wallace himself through his illegal efforts to block school desegregration. [...]

It was left to two Southerners to read the portents of Bloody Sunday most eloquently. [...] One, Charles Longstreet Weltner, a young congressman from Atlanta, Ga., took the bombing as a signal for Southern moderates to begin speaking out. « There was a time when silence amid the denunciations of others was a positive virtue, » he said. « But, in face of the events on Sunday, who can remain silent ? ... I know why it happened. It happened because those chosen to lead have failed to lead. Those whose task it is to speak have stood mute. »

The other Southerner, Martin Luther King Jr., spoke a moving epitaph for Cynthia Wesley, Denise McNair, Carol Robertson, and Addie Mae Collins. « They are the martyred heroines of a holy crusade for freedom and human dignity, » he said. « ... They have something to say to each of us in their death ... to every minister of the gospel who has remained silent behind the safe security of stained-glass windows ... to every politician who has fed his constituents with the stale bread of hatred and the spoiled meat of racism ... They say to us that we must be concerned not merely about who murdered them but about the system, the way of life, the philosophy which produced the murderers. Their death says to us that we must work passionately and unrelentingly for the realization of the American dream. »

(1) Cheap roadside bars.

Source : « Birmingham : 'My God, You're Not Even Safe in Church' », *Newsweek*, 30 septembre 1963.

3 THE CLASH AT SELMA

Au départ, la lutte pour l'égalité raciale fut menée par Noirs et Blancs dans le Sud, où le racisme sévissait ouvertement et où la ségrégation était non seulement pratiquée mais légale. S'il est un homme qui a incarné ce combat, ce fut M.L. King. S'il est un champ de bataille qui le symbolise, c'est Selma — plutôt que Montgomery, capitale de l'État, où en 1955 la contestation non-violente de la ségrégation dans les autobus obtint paisiblement la victoire. À Selma, elle se heurta à la brutalité du racisme sudiste. Et ce dernier remporta une victoire — à la Pyrrhus, car tout se déroula sous les yeux de la presse. L'objectif des activistes était d'obtenir que les Noirs puissent voter : les deux affrontements de Selma engendrèrent dans le Nord et l'Ouest une indignation à laquelle est due pour une large part le Voting Rights Act de 1965. C'est à cette occasion que Johnson, Président sudiste, prononça son grand discours du 15 mars, ponctué par « We shall overcome », le slogan des Noirs. Selma a marqué l'apogée d'une décennie de lutte non-violente où les objectifs, les héros, les succès étaient sans ambiguité. Il en serait autrement par la suite.

Selma is a city of 29,500 people — 14,400 whites, 15,100 Negroes. Its voting rolls are 99 % white, 1 % Negro. More than a city, Selma is a state of mind. |...| The symbol of Selma is Sheriff James Clark, 43, a bully-boy segregationist who leads a club-swinging, mounted posse of deputy volunteers, many of them Ku Klu Klansmen.

It was in Selma, four years ago, that the Federal Government filed its first voting-rights suit. |...| Two months ago, King zeroed in on Selma. A magnetic leader and a spellbinding orator, he rounded up hundreds of Negroes at a time, led them on marches to the county courthouse to register to vote. In seven weeks, Clark jailed no fewer than 2,000 men, women and children, including King.

Then, one night in nearby Marion, 50 state troopers and a band of rednecks routed 400 Negro demonstrators. In the fight, a young woodcutter named Jimmie Lee Jackson was shot in the stomach ; he died eight days later. [...] Selma's Negroes had a martyr, and King called for a march from Selma to the state capitol at Montgomery, 50 miles away. [...]

The Negroes filed trough the back streets of Selma, turned onto Broad Street, and headed for the Edmund Pettus Bridge, which crosses the Alabama River. On U.S. Highway 80, 400 yards beyond the bridge, was a phalanx of 60 state cops. On the sidelines were Sheriff Clark's possemen, both on horseback and afoot, ready, willing and eager for trouble.

When the Negro columns came within 100 yards, a state police officer ordered the troopers to put on their gas masks. At 25 yards, the Negroes halted. State Police Major John Cloud barked through a bullhorn : « Turn around and go back to your church ! You will not be allowed to march any further ! You've got two minutes to disperse ! ». The two minutes ticked by as the masked troopers stood in stony suspension, feet spread, arms down, holding their clubs at both ends. The Negroes stared at them somberly. [...]

Suddenly the clubs started swinging. From the sidelines, white townspeople raised their voices in cheers and whoops. Joined now by the possemen and deputies, the patrolmen waded into the screaming mob. The marchers retreated for 75 yards, stopped to catch their breath. Still the troopers advanced. Now came the sound of canisters being fired. [...] Choking, bleeding, the Negroes fled in all directions while the whites pursued them. The mounted men uncoiled bull whips and lashed out viciously as the horses' hoofs trampled the fallen. [...]

Rarely in history has public opinion reacted so spontaneously and with such fury. [...] In California and Wisconsin, in Connecticut and New York, citizens streamed onto the streets to express their rage. Martin Luther King announced that as a « matter of conscience and in an attempt to arouse the deepest concern of the nation », he was « compelled » to lead another march from Selma to

Montgomery. He called it for Tuesday, March 9. [...] The response was phenomenal. In city after city, white clergymen dropped what they were doing and headed for the nearest airport. [...].

The march began. Down Sylvan Street they trooped. At Water Avenue they turned right and followed the road to the bridge. [...] « They were allowed to go over the bridge. Dr. King is there, and several elderly ladies. They're over the bridge. They have halted... ».

Tuesday night three white clergymen dined at a Negro restaurant in Selma. One of them was the Rev. James Reeb. [...] Leaving the restaurant Reeb and the two other clergymen walked past a scruffy whites-only restaurant, the Silver Moon Café. At least four white men came toward them. One called, « Hey, nigger ! » Another smashed Reeb on the temple with a club, the hooligans jumped the ministers and beat them mercilessly. [...] Reeb never recovered from his coma. At Reeb's death, telegraph wires burned across the country with expressions of outrage. [...] Demands for federal action intensified.

By week's end, Johnson was convinced that a presidential statement to the nation was in order. The President went to a previously scheduled press conference in the Flower Garden. [...] This week's first order of business, sald the President, would be a proposal to Congress for legislation that would guarantee every citizen's franchise. [...]

Continued the President : « It is wrong to do violence to peaceful citizens in the streets of their town. It is wrong to deny Americans the right to vote. It is wrong to deny any person full equality because of the color of his skin. The promise of America is a simple promise : Every person shall share in the blessings of this land, and they shall share on the basis of their merits as a person. They shall not be judged by their color or by their beliefs, or by their religion, or by where they were born or the neighborhood in which they live. »

Source : « The Central Point » *(cover story), Time,* 19 mars 1965.

4 DESPAIR IN THE GHETTO

Phénomène exceptionnel : la migration des Noirs du Sud rural vers les grandes villes, surtout celles des grands États industriels du Nord, de la Californie à New York, pour y trouver argent et liberté. Elle s'est accélérée entre 1940 et 1970 : 4,5 millions ont migré. Dans les années 60, la moitié des Noirs habitaient le Nord et les trois quarts étaient citadins. Dans le centre des métropoles, la proportion de Noirs augmenta de 48 %. Les paysans montant du Sud n'eurent ni l'idée, ni les moyens d'entretenir des quartiers quittés par des bourgeois partant en banlieue — et qui maintenant semblent parfois avoir été sinistrés par une guerre, comme le South Bronx à New York. Aucun autre pays développé n'a des centres de ville pourris comme les ghettos noirs et bruns des États-Unis. Dans les années 60, on y découvrit une sous-classe illettrée, inemployable, miséreuse, vivant d'allocations ou de crimes, droguée — dangereuse donc et apparemment irrécupérable. Beaucoup des Noirs étaient arrivés dans le Nord quand l'industrie déclinait et que se développait le tertiaire qui exige une formation — d'où le chômage. Certes, les classes moyennes noires ne cessaient de s'accroître, mais elle fuyaient ces quartiers. La frustation désespérée des prisonniers de ghettos, exacerbée par le constant spectacle télévisé de la surconsommation allait exploser en émeutes.

Diseased debris rotting under a halo of mosquitoes in a vacant lot. Teen-age girls ducking and punching with the fluent fury of grown men. Rorschach tests of vomit staining the gutter. Burned-out houses with families living behind the boarded-up windows. Bedford-Stuyvesant's everyday reality is filled with the surreal imagery of a bad LSD trip.

There is the sour stench of urine that pollutes the Myrtle-Willoughby IND subway station. The bittersweet monologue of the prostitute after she has paid off the white cop. The visor of suffocated hatred that comes down across the face of every black youth before his 13th birthday. And the false escapes wherever you look : Neon signs promising credit. Bars. Churches. Pushers. TV sets on sale. Liquor stores. Numbers runners. And more loan signs, lit by neon.

Then, the statistics : Eighty percent of the teen-agers high school dropouts. Thirty-six percent of the families headed by women. Twenty-seven percent with annual incomes under $3,000. The highest infant mortality rate in the country. One of the highest homicide rates in the country. And no one has ever counted the rats.

Four decades ago Bedford-Stuyvesant was an elite Brooklyn community — upper middle class, white, with minimal crimes, sturdy brownstones and tranquil treelined streets. The first wave of Negro migration reached Brooklyn during the Depression of the 1930s, the second wave rolled in during World War II. War industry jobs were plentiful then in such places as the Brooklyn Navy Yard, located a few minutes away from the heart of Bedford-Stuyvesant. [...]

By the late 1950s « they » had « taken over » the neighborhood. Blockbusting real estate brokers pocketed millions in panic profits. Negroes paid $20,000 for tenements that had cost speculators $12,000 the week before. [...]

The old community died, as did Chicago's West Side, a « For Sale » sign its venal epitaph. According to the federal census, Bedford-Stuyvesant was 52 % non-white in 1950. Today it is estimated to be 90 % non-white. In the interim not one new hospital has been built. Buildings have decayed, jagged plaster falls from walls. Roaches are so bold they don't run from the light ; children have eternally running noses and slow-healing scabs on their elbows and knees.

Harlem has always been the symbol of the Negro ghetto, but « Bedford-Stuyvesant is more depressed and impaired than Harlem — *i.e.*, fewer unified families, more unemployment, lower incomes, less job history... Furthermore, the Bedford-Stuyvesant youth have a vastly lower degree of self-esteem than does Harlem youth, with much less hope for his future... »

Harlem, for all the degradation, is an authentic community ; it has cultural roots, its own newspaper and its own black politicians, including a borough president, a congressman-in-exile and a former leader of Tammany Hall. But Bedford-Stuyvesant is the invisible ghetto swelled by invisible men. Its neocolonial politics, as the result of gerrymandering, remain dominated by conservative whites.

With roughly 500 square blocks and 450,000 inhabitants (about the same as Kansas City or Cincinnati), Bedford-Stuyvesant is bigger and more diffuse than Harlem. Whereas Harlem now loses population at the rate of 50,000 every 10 years, and is compact by nature, limited on three sides by rivers and on the south by Central Park, Bedford-Stuyvesant is a growing slum with amoebalike boundaries that render its exact geographical limits uncertain. |...|

Bedford-Stuyvesant rioted in July 1964, almost simultaneously with Harlem ; it was the start of « the long, hot summers. » The dream deferred has dried up and become black nationalism. A lost generation, unfit for school, work or Vietnam, has grown up. The sullen, wounded young blacks have become the most dramatic symbol of this ghetto as they pass their empty days on crumbling stoops and crowded corners.

They are second-generation victims of urban poverty. They were among the first to hear the speeches of today's separatists and they saw no reason not to listen. Bedford-Stuyvesant has been a pace-setter for ghettos elsewhere in the country, and here there is black nationalism and the clenched fist.

« Honkie, whatcha come to the ghetto for ? » a young man yelled at me one recent evening. « You come to look at us animals, us criminals, mother ? You just write that we're gonna tear down this country. » |...|

This separatist philosophy of the Lost Generation, whose only hero is Malcolm X (Stokely Carmichael isn't funky enough), was summed up by one of those new young leaders of the streets :

« Baby, it don't mean shit if I burn in a rebellion, because my life ain't worth shit. Dig ? »

Source : Jack Newfield, « The Biggest Lab in the Nation », *Life*, 8 mars 1968.

5 *URBAN RIOTS : WATTS*

Les Noirs du Sud, pauvres, inadaptés à la vie urbaine, déçus dans leurs espoirs de progrès, ostracisés, prirent au milieu des années 60 le relais du Sud dans la lutte pour l'égalité. Mais de façon trop souvent inorganisée, autodestructrice. À la non-violence succédait la violence, et aux pasteurs succédaient des agités comme les Black Panthers. Pendant les étés de 1965, 1966 et 1967 les ghettos furent la proie des pillards et des incendiaires, qui n'étaient pas en majorité de jeunes chômeurs miséreux. Pour éteindre l'émeute, née d'ordinaire d'un conflit avec la police, il fallait l'intervention de la Garde Nationale, ou même des parachutistes. Après la grande première inattendue, sur la Côte Ouest, de Watts (34 morts, plus de 1000 blessés, et $ 44 millions de dégats), il y en eut en 1966 à Chicago, Cleveland, Brooklyn ; en 1967 à Newark, Spanish Harlem, Rochester (NY), Birmingham et surtout Detroit (40 morts) ; en 1968 à Washington (DC), Chicago, Cleveland, etc. Ensuite, bien que l'environnement n'ait pas été amélioré, les émeutes n'ont pas repris. Elles avaient eu l'avantage d'attirer l'attention des médias toujours friands de drame et de couleur, et elles forcèrent le grand public à voir les méfaits de la ségrégation, non plus légale et aisément corrigible comme dans le Deep South, *mais résidentielle.*

The riot was the worst in the city's history, one of the worst ever in the U.S. [...]

Watts is the kind of community that cries out for urban renewal, poverty programs, job training. Almost anything would help. Two-thirds of its residents have less than a high school education. Only 13 % of the homes have been built since 1939 — the rest are decaying and dilapidated. Nearly 30 % of the children are from broken homes. Watts is a slum — but not in the Eastern sense. There are no rows of multiple-story tenements or concrete canyons. Its streets are generally broad, occasionally tree-lined and bordered by dusty lawns. Its dwellings are mostly one — and two — story frame and stucco houses. But in the small rented houses and appartments, money-short Negroes often crowd four and five familles. |...|

The chronology :

Wednesday, at 7 :45 p.m., two white California highway patrol officers spotted a car weaving recklessly around the southeast Los Angeles slum districts. After a six-block chase, the troopers halted the car in Watts — and arrested its Negro driver, Marquette Fryes, 21. |...|

Police denied that there was any brutality. But as word of the arrest spread, the crowd quickly grew, and became steadily angrier, egged on by Negro hoodlums. Soon it numbered some 1,500 and Negro youths started throwing rocks at stores and passing cars in an eight-square-block area. Motorists were bombarded with empty bottles, slabs of concrete, rocks, bricks, nuts, bolts, boards and chunks of asphalt torn from the pavement. More than 100 helmeted police poured into the area. |...|

In retaliation, gangs of Negroes overturned, burned or damaged 50 vehicles, including two fire trucks. Not until dawn did the crowd disperse. The first night's toll : 19 policemen and 16 civilians injured, 34 persons arrested.

Thursday : most undamaged stores opened for business as usual. Throughout the day, knots of young Negroes clustered on street corners discussing the previous night's excitement, speculating about the night to come. After the looting began, Richardson reported, « everybody started drinking, even little kids eight or nine years old. The rioters knew they had the upper hand. » All through the second night, the mob rampaged through a vastly expanded area, barricading the streets with ripped-up, cement-anchored bus benches.

Friday : from early morning, rioters surged through the streets screaming imprecations at « Whitey », « blue-eyed devils », « Okies » and « Crackers ». |...| Even in daylight, Negroes congregated on all four corners of intersections waiting for whites. As they attacked, many cried, « This is for Selma », or « This is for Bogalusa. »

Only at 11 a.m. Friday did (Los Angeles mayor) Yorty approve Police Chief William Parker's request, made the previous day, to summon the California National Guard. But Democratic Governor Pat Brown was vacationing in Greece. [...] Finally Brown, reached in Athens, called out the Guard and ordered an 8 p.m. curfew.

The decision to call in troops came too late to stop an orgy of destruction that throbbed higher than ever. The rioting spread over 150 square blocks, and the roving mobs multiplied so fast that police quit trying to estimate their numbers. Molotov cocktails kindled 70 new fires. Police and news helicopters were fired upon. Miraculously, there had been no deaths so far, but shortly before 9 p.m. Deputy Sheriff Ronald Ernest Ludlow, 27, was shot in the stomach by looters, and died on his way to the hospital. [...]

That night, 2,000 helmeted National Guardsmen from the 40th Armored Division rolled into the riot zone in convoys led by jeeps with mounted machine guns. Officers set up a command post at Riis High School, while infantrymen, advancing with bayonets at the ready, fanned out through the littered streets and assembled .50-cal. machine guns on tripods at intersections. [...]

Saturday *:* by midday, the number of Guardsmen patrolling the area had swelled to 4,000. But the war-weary police were still doing most of the yeomen work. They shot four looters dead in stores they were sacking, fought a pitched gun battle with several others holed up in a garage ; the rioters emerged carrying a wounded woman and waving a white flag. [...]

What caused the disorders ? In Los Angeles, « the long, hot summer » was blamed — as it was in Harlem last year — and not without reason : the rioting broke out on the fourth day of an unusual heat wave in which Angelenos sweltered in humid 90-to-100 temperatures night and day. A deeper source of irritation for urban Negroes is their isolation and poverty in a land of conspicuous plenty. Undeniably, also, there is a « lack of communication » between whites and blacks, between responsible Negroes and the predominantly white police force. [...]

Source : « Watts » (cover story), *Time*, 20 août 1965.

6 BLACK GAINS BY 1969

On a pu soutenir qu'après la fin de l'esclavage le sort des Noirs avait plutôt empiré. Il est sûr que dans la première moitié du 20e siècle leurs progrès furent insignifiants. Ils furent étonnants après les grandes victoires de 1954 à 1964 — et pourtant très insuffisants. Il allait falloir des générations pour que soient éliminés les obstacles majeurs : le racisme des Blancs, la culture de misère dans laquelle beaucoup de Noirs étaient enfermés. À la fin des années 60, l'importance des changements, surtout dans le Sud, pouvait rendre optimiste. Le retard persistant des Noirs, surtout dans le Nord, avait de quoi engendrer le pessimisme. Vingt ans plus tard, si l'on trouvait des Noirs à tous les rangs de la société (super-vedette de télévision, généraux, ambassadeurs, candidat à la Présidence, par exemple) l'écart entre leur revenu moyen et celui des Blancs était pire (pour une part du fait que la moitié d'entre eux habitait toujours le Sud). Et dans les ghettos urbains, la caste des exilés de l'intérieur, pitoyables ou dangereux continuait de se reproduire. À eux la révolte des Sixties *n'avait rien apporté.*

In terms of statistics and cold facts, the gains of the eight Democratic years have been spectacular. Negro median family income is up 53 % ; the unemployment rate is down 34 %. The gap between black income and white income has narrowed substantially. Slightly more than a quarter (27 %) of all Negroes are below the poverty line, compared with 55 % in 1960. A far greater percentage of Negroes are finishing high school and going to college. Today, a Negro college graduate often has a better chance of landing a good job than his white classmate.

Eight years ago, the black man could not set foot inside many U.S. restaurants or hotels — except as a servant. Now, almost the last vestige of segregation has been wiped off the law books. A negro votes in the Senate ; another sits on the Supreme Court ; until this week, a third sat in the President's Cabinet. Black mayors govern Cleveland and Gary, Ind., while in the South, nearly 400 serve in all kinds of elective offices. Black faces are now common in TV commercials and magazine ads ; some corporations prize black executives as highly as computers. [...]

Yet black-white relations are not improving. In comparison with today, 1960 looks like the era of good feeling. Since 1964, each year has seen black riots in the ghettos—although there is a feeling, if nothing more, that the worst phase of the riots is over ; 1968, for instance, was quieter than 1967. Since the time when blacks and whites marched together on Washington, in 1963, the dream of integration has seemed increasingly less relevant. Black students on many campuses now want their own segregated dormitories ; the rhetoric of black militants has grown increasingly virulent, as last fall's New York school controversy and the continuing battle at San Francisco State College demonstrate. Moderates are often either embarrassed or afraid to be seen with whites. A Stokely Carmichael or a Rap Brown can talk of honkies — just as white bigots talk of niggers — and an Eldridge Cleaver can shout that « We shall have our manhood. We shall have it, or the earth will be leveled by our attempts to gain it. »

The anger is not difficult to explain. The dream of equality has been deferred too long, and Americans, both white and black, are paying in the late '60s for the omissions of the past. For there is another side to the glowing figures of black advancement. Negroes are still three times as likely as whites to die in childbirth and infancy ; they are three times as likely to be in poverty ; they are twice as likely to be unemployed. While they are gaining more in terms of income than whites, they are not likely to catch up at the present rate for decades. Everything else being equal, an ordinary Negro worker is less likely to find good employment than a white.

What do Negroes want ? According to a survey for the Kerner Commission, most Negroes reject the blandishments of black separatists. [...] They want the same things whites want : decent housing, decent jobs, decent education and the respect that is due any human being. In his basic hopes and fears, the black American is no different at all from the white American. Thus it seems particularly tragic that the idealism that brought whites and blacks together in the early '60s has evaporated. Yet perhaps it was, as the militants now say, a false idealism based on the notion that whites could lift blacks with well-meaning, but destructive paternalism. [...]

Mrs. Shirley Chisholm, the Brooklyn Representative who this month became the first black woman to sit in Congress, sums up the Negro's status very succinctly : « The black people are no longer interested in a lot of conferences and meetings, or surveys and graphs and study commissions. We've been analyzed and graphed and surveyed for too long. We need action now. We want to give white America the chance to show that there is such a thing as equality of opportunity, regardless of race, creed, or color. »

Source : *« Black and White Balance Sheet »,* Time, *24 janvier 1969.*

7 LA HUELGA OF THE CHICANOS

Dans les années 60, les Latinos formaient un groupe de sous-privilégiés assez discrets. Ils étaient dispersés en groupes divers et peu solidaires : dans le Sud-Ouest des colons d'avant l'arrivée des Anglos *et, dans le Sud et sur la côte Ouest, des descendants d'immigrés ou des immigrés mexicains (440 000 entrés légalement dans les années 60) — 60 % du total des Hispaniques ; à New York un million de Portoricains venus surtout depuis la Seconde Guerre mondiale et socialement plus bas que les Noirs — 15 % du total ; en Floride des Cubains aisés ayant fui le castrisme — 6 % ; et enfin des immigrés de toute l'Amérique latine éparpillés — 21 %. Les premiers à entamer le combat pour leurs droits, en 1965, furent des* chicanos *de Californie, organisés par César Chavez en un syndicat, les United Farm Workers. Les lois du* New Deal *ne protégeaient pas les ouvriers des champs — et les grosses entreprises agricoles avaient les moyens de se défendre contre une grève — surtout contre des immigrés clandestins. Pourtant, la non-violence triompha, grâce à l'appui apporté à la* huelga *par les Américains de gauche, les* liberals, *qui boycottèrent les raisins, la salade et même certains vins — et à un coup de pouce de l'Église catholique. En 1970, 75 % des producteurs de raisin de table acceptèrent de négocier. Cette victoire des pauvres, plus la réussite économique des réfugiés politiques cubains, marqua un tournant pour les Hispaniques. Et leur nombre croissant (de 65 % dans les années 60) devrait en faire bientôt la principale minorité ethnique.*

We, the striking grape workers of California, join on this International Boycott Day with the consumers across the continent in planning the steps that lie ahead on the road to our liberation. As we plan, we recall the footsteps that brought us to this day and the events of this day. [...]

We have been farm workers for hundreds of years and pioneers for seven. Mexicans, Filipinos, Africans and others, our ancestors were among those who founded this land and tamed its natural wilderness. But we are still pilgrims on this land, and we are pioneers who blaze a trail out of the wilderness of hunger and deprivation that we have suffered even as our ancestors did. We are conscious today of the signifiance of our present quest. If this road we chart leads to the rights and reforms we demand, if it leads to just wages, humane working conditions, protection from the misuse of pesticides, and to the fundamental right of collective bargaining, if it changes the social order that relegates us to bottom reaches of society, then in our wake will follow thousands of American farm workers. Our example will make them free. But if our road does not bring us to victory and social change, it will not be because our direction is mistaken or our resolve too weak, but only because our bodies are mortal and our journey hard. For we are in the midst of a great social movement, and we will not stop struggling 'til we die, or win !

We have been farm workers for hundreds of years and strikers for four. It was four years ago that we threw down our plowshares and pruning hooks. These Biblical symbols of peace and tranquility to us represent too many lifetimes of unprotesting submission to a degrading social system that allows us no dignity, no comfort, no peace. We mean to have our peace, and to win it without violence, for it is violence we would overcome—the subtle spiritual and mental violence of oppression, the violence subhuman toil does to the human body. So we went and stood tall outside the vineyards where we had stooped for years. But the tailors of national labor legislation had left us naked. Thus exposed, our picket lines were crippled by injunctions and harrassed by growers ; our strike was broken by imported scabs ; our overtures to our employers were ignored. Yet we knew the day must come when they would talk to us, *as equals.*

We have been farm workers for hundreds of years and boycotters for two. We did not choose the grape boycott, but we *had* chosen to leave our peonage, poverty and despair behind. Though our first bid for freedom, the strike, was weakened, we would not turn back. The boycott was the only way forward the growers left to us. We called upon our fellow men and were answered by consumers who said—as all men of conscience must—that they would no longer allow their tables to be subsidized by our sweat and our sorrow : They shunned the grapes, fruit of our affliction.

We marched alone at the beginning, but today we count men of all creeds, nationalities, and occupations in our number. Between us and the justice we seek now stand the large and powerful grocers who, in continuing to buy table grapes, betray the boycott their own customers have built. These stores treat their patrons' demands to remove the grapes the same way the growers treat our demands for union recognition—by ignoring them. The consumers who rally behind our cause are responding as we do to such treatment—with a boycott ! They pledge to withhold their patronage from stores that handle grapes during the boycott, just as we withhold our labor from the growers until our dispute is resolved.

Grapes must remain an unenjoyed luxury for all as long as the barest human needs and basic human rights are still luxuries for farm workers. The grapes grow sweet and heavy on the vines, but they will have to wait while we reach out first for our freedom. The time is ripe for our liberation.

Source : Proclamation of the Delano Grape Workers, *El Malcriado*, 15 avril 1969.

8 INDIANS AT ALCATRAZ

Eux qui étaient jadis venus d'Asie, furent repoussés d'Est en Ouest par les colons d'Europe, furent dupés par leurs traités, tués par leurs maladies et leur alcool quand ils n'étaient pas massacrés. Au 20ᵉ siècle, ils furent l'objet d'une double politique : isolement dans leurs réserves (d'ordinaire miséreuses mais au sous-sol souvent très riche) ou assimilation (tous ayant été faits citoyens américains en 1924). Bien que celle-ci fût avancée, il y eut à la fin des Sixties *une renaissance de la culture indienne. Le nombre des Indiens augmentait (523 000 en 1960, 791 000 en 1970 — et 1 362.000 en 1980) ainsi que leur conscience ethnique et leur colère. Ils prirent exemple sur les Noirs et les hispaniques, surtout après la formation en 1968 de l'*American Indian Movement *(AIM). Par des actions spectaculaires comme l'occupation d'Alcatraz, île de la baie de San Francisco, ou celle du Bureau des affaires indiennes à Washington en 1972 — et de longues confrontations (71 jours) comme en 1973 à Wounded Knee dans une réserve du Dakota du Sud, les Indiens attirèrent l'attention des médias sur le* Red Power, *leurs objectifs religieux, culturels et politiques surtout, tandis que leurs revendications économiques, fondées sur des traités anciens, étaient poursuivies devant les tribunaux.*

Indians of All Tribes greet our brothers and sisters of all races and tongues upon our Earth Mother. We here on Indian land, Alcatraz, represent many tribes of Indians. [...]

Be it known that we are quite serious in our demand to be given ownership of this island in the name of Indians of All Tribes. We are here to stay, men, women, and children. We feel that this request is but little to ask from a government which has systematically stolen our lands, destroyed a once beautiful landscape, killed off the creatures of nature, polluted air and water, ripped open the very bowels of our earth in senseless greed, and instituted a program to annihilate the many Indian tribes of this land by theft, suppression, prejudice, termination, and so-called relocation and assimilation.

We are a proud people ! We are Indians ! We have observed and rejected much of what so-called civilization offers. We are Indians ! We will preserve our traditions and ways of life by educating our own children. We are Indians ! We will join hands in a unity never before put into practice. Our Earth Mother awaits our voices. We are Indians of All Tribes ! ! !

We came to Alcatraz because we were sick and tired of being pushed around, exploited, and degraded everywhere we turned in our own country. We selected Alcatraz for many reasons but most importantly, we came to Alcatraz because it is a place of our own. Somewhere that is geographically unfeasible for everybody to come and interfere with what we would like to do with our lives. We can beat our drums all nights long if we want to and not be bothered or harassed by non-Indians and police. We can worship, we can sing, and we can make plans for our lives and the future of our Indian people and Alcatraz.

After we landed on Alcatraz, we got a lot of attention and publicity. Support came in from the local areas and the nation, and even worldwide. People wanted to give us benefits, have us speak at schools, be in programs on television and radio, and even have movie premiers on the island. We were flooded with everything and everybody, from opportunists and vultures to sincere and dedicated people. |...|

We needed attention brought to our people, and we needed a place to get together in the city so that we didn't become victims of assimilation. It finally all came to a point and we decided we would just go liberate our own land since all of our other lands had been taken away and the cities were so crowded and we had nowhere to go together for Indian dances or powwows or anything, or even to have our own religious ceremonies. We'd get arrested if we practised our own religion and had peyote in our home. |...|

What we want to do in the long range view is to get some type of help for our people all across the nation. We must look at the problem back on the reservation, where it all begins, with the Bureau of Indian Affairs. There's going to have to be some changes made within our own government structure. |...| What few lands we do have left on the reservations, we want to keep. We have no government for our own people and we live under what is really a colonial system because we do not select the people who govern us, like the commissioner of Indian Affairs, who is appointed by the secretary of the interior, who is appointed by the President. |...|

We want to establish a center on ecology, as part of our cultural complex. The cultural complex also involves the tradition of our religion. The base of anything we do is our religion. We must have a place for our spiritual leaders and our medicine men to come. We also plan to have our own library and archives to help us document the wrongs which have been done in this country and the wisdom that has been lost. Also, we plan to have a place where we can practise our dances and songs and music and drums, where we can teach our children and not let this die, as it's dying on the reservation today.

Source : Indians of All Tries, « Planning Grant Proposal to Develop an All-Indian University and Cultural Complex on Indian Land, Alcatraz », février 1970.

Lectures complémentaires

David L. Lewis, *Martin Luther King : A Critical Biography*, New York : Praeger, 1970.

S. Carmichael & C.V. Hamilton, *Le Black Power*, Paris : Payot, 1968. (traduction)

Jean-Marie Muller & Jean Kalman, *César Chavez : un combat non-violent*, Paris : Fayard, 1977.

Dee A. Brown, *Enterre mon cœur : la longue marche des Indiens vers la mort*, Paris : Stock, 1973. (traduction)

CHAPITRE IV
LYNDON BAINES JOHNSON

Kennedy inaugura brillamment mais brièvement les *Sixties* et Nixon les conclut lamentablement : le chef de l'État qui domina la période fut Johnson. Malgré sa mégalomanie, sa brutalité, son obstination, son manque d'assurance et de vergogne, le grand Texan, force de la nature, formidable politicien, premier Président venu du Sud depuis la Guerre de sécession, est maintenant considéré comme un des Présidents éminents du 20ᵉ siècle : son bilan (hormis la guerre au Vietnam) est exceptionnel.

Né en 1908, député en 1937, sénateur en 1948, il était devenu chef de la majorité démocrate en 1953, n° 2 des États-Unis après Eisenhower. L'ayant battu dans la course à l'investiture, JFK l'avait choisi comme co-listier pour le contraste qu'il offrait. LBJ enviait d'ailleurs terriblement l'élégance et la popularité des Kennedy. Président par accident en 1963, LBJ fut élu triomphalement en 1964 contre le très conservateur Goldwater — mais en 1968 refusa de se représenter.

Au début de sa présidence surtout, lois et décisions de justice s'accumulèrent qui modifièrent le visage du pays : avec l'assentiment du public, le gouvernement fédéral accrut ses responsabilités (dans l'enseignement et les arts, par ex.) et la protection sociale fut prodigieusement élargie. Ensuite Johnson, obnubilé par le Vietnam, s'attira une contestation multidirectionnelle. Sa décision fatidique date de

1965 : inauguration de la « Grande société » plus « escalade » de la guerre — sans augmentation des impôts. Déficit et inflation étaient inévitables : sur 12 ans la guerre à coûté $ 150 milliards tandis que le montant des aides fédérales faisait plus que tripler.

Mis à part l'Indochine, LBJ s'intéressa peu aux affaires étrangères, beaucoup moins en tout cas que ses prédécesseurs et successeurs.

1 *LBJ ON « THE GREAT SOCIETY »*

Depuis Theodore Roosevelt, tous les présidents progressistes ont donné à leur programme un titre accrocheur. Johnson avait débuté au service du New Deal *et il venait de servir la* New Frontier *de JFK. Comme Président il les prolongea par son propre rêve,* The Great Society. *Il fit adopter la législation sociale la plus impressionnante depuis Franklin Roosevelt — grâce au choc dû à la mort de JFK, à l'exceptionnelle prospérité des États-Unis — mais surtout grâce à sa longue expérience du Congrès et à son habileté manœuvrière. Il ne s'agissait pas de démagogie. LBJ était sincèrement adversaire du racisme, de l'injustice, de la pauvreté, de la pollution, du pourrissement des métropoles — et champion d'une meilleure qualité de la vie, tout particulièrement par l'enseignement : son* Education Act *de 1965 offrit pour la première fois une aide fédérale massive aux écoles. On a dit que précipitation, simplisme, ignorance, résistances — et les obstacles économiques, causèrent l'échec de LBJ. Vingt ans plus tard pourtant, il est clair que la « Grande société », quoique rognée, a été intégrée au « système » américain.*

It is not often that a U.S. President has tried to articulate the meaning and the goals of an American civilization that is distinct from its European roots and is more than a mere piece in the mosaic of world order. That, however, is what President Johnson accomplished last week. In a speech before 80,000 at the University of Michigan stadium at Ann Arbor the President eloquently invited his fellow citizens to join in the pursuit of a « Great Society » uniquely American both in spirit and promise. Excerpts :

« For a century we labored to settle and subdue a continent. For half a century we called upon unbounded invention and untiring industry to create an order of plenty for all our people. The challenge of the next half-century is whether we have the wisdom to use that wealth to enrich and elevate our national life—and to advance the quality of American civilization.

« Your imagination, your initiative, your indignation will determine whether we build a society where progress is the servant of our needs, or a society where old values and new visions are buried under unbridled growth. For in your time, we have the opportunity to move not only toward the rich society and the powerful society but upward to the Great Society.

« The Great Society rests on abundance and liberty for all. It demands an end to poverty and racial injustice—to which we are totally committed in our time. But that is just the beginning.

« The Great Society is a place where every child can find knowledge to enrich his mind and enlarge his talents. It is a place where leisure is a welcome chance to build and reflect, not a feared cause of boredom and restlessness. It is a place where the city of man serves not only the needs of the body and the demands of commerce but the desire for beauty and the hunger for community. It is a place where man can renew contact with nature. It is a place which honors creation for its own sake and for what it adds to the understanding of the race. It is a place where men are more concerned with the quality of their goals than the quantity of their goods.

« But most of all, the Great Society is not a safe harbor, a resting place, a final objective, a finished work. It is a challenge constantly renewed, beckoning us toward a destiny where the meaning of our lives matches the marvelous products of our labor.

« In the next 40 years we must rebuilt the entire urban United States. It is harder and harder to live the good life in American cities. There is the decay of the centers and the despoiling of the suburbs. There is not enough housing for our people or transportation for our traffic. Open land is vanishing and old landmarks are violated. Worst of all, expansion is eroding the precious and time-honored values of community with neighbors and communion with nature. Our society will never be great until our cities are great.

« A second place is our countryside. We have always prided ourselves on being not only America the strong and America the free but America the beautiful. Today that beauty is in danger. The water we drink, the food we eat, the very air we breathe are threatened with pollution. Our parks are overcrowded and our seashore overburdened. Green fields and dense forests are disappearing. [...] We must act to prevent an Ugly America. For once our natural splendor is destroyed, it can never be recaptured. Once man can no longer walk with beauty or wonder at nature, his spirit will wither and his sustenance be wasted. »

« A third place is in the classrooms. Our society will not be great until every young mind is set free to scan the farthest reaches of thought and imagination. In many places classrooms are overcrowded and curricula are outdated. Most of our qualified teachers are underpaid, and many of our paid teachers are unqualified. We must give every child a place to sit and a teacher to learn from. Poverty must not be a bar to learning, and learning must offer an escape from poverty.

« Those who came to this land sought to built more than a new country. They sought a new world. I have come here to your campus to say that you can make their vision our reality. Let us from this moment begin our work so that in the future men will look back and say : 'It was then, after a long and weary way, that man turned the exploits of his genius to the enrichment of his life'. »

Source : « The American Civilization », *Time*, 29 mai 1964.

2 POVERTY IN AMERICA

Quoi de plus choquant que la pauvreté dans la démocratie la plus riche du monde, et en période d'expansion — surtout quand on s'aperçoit qu'elle n'est pas provisoire, qu'elle ne frappe pas l'immigrant récent seulement, ou le chômeur ou le clochard ? Elle fissure alors les fondations de la société, le droit à la vie, à la liberté et à la recherche du bonheur. Des livres, articles et documentaires télévisés (comme Hunger in America *de CBS en 1968) secouèrent l'opinion des années 60. Le Président Johnson, issu lui-même d'une famille modeste, se donna l'ambition de gagner « la guerre contre la pauvreté ». Seul le Président pouvait aider les millions de pauvres, blancs et noirs, vieux et très jeunes, malades et handicapés, dans le Sud, les Appalaches et les métropoles. À la façon des* New Dealers, *ses technocrates enthousiastes lancèrent une multitude de programmes pour nourrir, secourir et briser le cercle vicieux en éduquant et donnant des emplois. La proportion des familles se trouvant au-dessous du seuil officiel de pauvreté baissa de 22 % en 1959 à 12 % en 1969. Peu d'Américains voudraient revenir au* statu quo ante *— sans, par exemple, Medicare et Medicaid, assurances sociales pour les vieux et les indigents. En revanche, le coût devenu énorme du* welfare, *les gaspillages et la survivance de la pauvreté ont donné des arguments aux darwinistes et contribué aux élections de Nixon et de Reagan.*

Too many of our citizens neither share adequately in the benefits of our economic progress nor contribute effectively to its creation. America's renewed focus on poverty called attention to the fact that 35 million Americans—one-fifth of the population—still lived in poverty. Widening participation in prosperity will not be accomplished easily. |...|

The percentage of American families with incomes (in 1962 prices) below $3,000 fell from 32 percent in 1947 to 20 percent in 1962 and to 19 percent in 1963. Experience indicates that in periods of strong economic expansion the incidence of poverty declines. Between 1947 and 1962 the number of poor families fell from 11.9 million to 9.3 million. The incidence of poverty remained highest among farm families, nonwhite families, and those headed by females, and among the elderly, the least educated, and those unable to work. |...|

The $3,000 poverty line was intended to reflect the minimum current income needs of a typical family. Recognizing that few families are typical, the Social Security Administration has now estimated the income needed to achieve comparable minimum standards of consumption by families of various size and age composition in both rural and urban areas. The minimum income needs of an urban family of six, for example, will normally differ from those of an elderly rural couple.

Under these revised estimates, roughly the same total number of persons are classified poor as under the simpler $3,000 family income test, but the composition of the poverty group is somewhat different. The number of poor families is smaller ; the number of adults is reduced, especially among the aged and those who do not work. The number of large families classified as poor increases, however ; and, most important, the estimated number of children in poverty rises by more than one-third, from 11 million to 15 million. This means that one-fourth of the Nation's children live in families that are poor. These findings underscore the importance of helping young people escape from poverty. This pressing objective is emphasized in the Economic Opportunity Act and in the President's new proposals for education and health care of children.

A family's ability to maintain an adequate standard of living depends on its accumulation of assets and liabilities as well as current income. A family may be able to sustain its consumption during an occasional year of low income by drawing down savings, borrowing on assets, and postponing the replacement of durable goods. Thus the measurement of poverty is improved by distinguishing temporary from chronic inadequacy of income, and considering the asset holdings of low-income families. However, in practice, few low-income families can long maintain satisfactory consumption levels by drawing down their assets. Average (median) net asset holdings of poor families amounted to only $2,760 at the end of 1962. [...] Older families with incomes of less than $3,000 generally possess more assets than do younger families with low incomes. Many of the former are retired and are using their savings to meet living costs. [...]

A study of incomes of the same families in two successive years shows that approximately 70 percent with incomes below $3,000 in one year have similary low incomes in the following year. This suggests that the poor include a largely unchanging group of families. Persistence of poverty is greatest among families headed by females, the less educated, nonwhites, and the aged.

Temporary poverty is likely to arise from unemployment, illness, or other disability, and, for the self-employed, from the hazards of small business. Movement out of poverty is related to changing levels of economic activity.

The process by which over-all poverty is reduced from one year to the next involves a number of divergent influences. Some families become poor, a slightly larger number become better off, but the great majority simply remain poor. Of the 9.3 million poor families in 1962, 0.6 million were dissolved in 1963, and another 1.8 million—only 19 percent of the total—moved to a higher income status. Meanwhile 6.9 million remained poor and 1.7 million other families fell into the low-income group. [...]

The analysis of poverty in last year's Annual Report emphasized the importance of economic expansion and rising aggregate employment in reducing the number of poor families. But it also made clear that many of the poor—because their family heads are not in the labor force—do not necessarily benefit from general economic prosperity.

Passage of the Economic Opportunity Act of 1964 marked the opening of an enlarged attack on inadequate incomes in an economy of relative abundance. The main thrust of this effort is directed at the roots of poverty—particularly at helping the children of the poor. The programs of the Office of Economic Opportunity will provide a community-wide focus for anti-poverty efforts by offering education, training, and work experience to help young people escape from poverty.

Federal funds have begun to flow in support of Community Action Programs across the Nation. These Programs, planned, operated, and coordinated at the local level, will make services needed to break out of poverty available to the poor. The services can range from preschool preparation to counseling to establishing neighborhood centers. Community Action Programs, mobilizing local public and private leadership, are an important new social institution and a major weapon in the war on urban poverty.

The Neighborhood Youth Corps-Work Training Program will provide useful work experience opportunities for unemployed young men and women in State and local governments and nonprofit organizations. The Job Corps will offer education and vocational training—along with some work experience—in conservation camps and residential training centers. [...] The goal of the Work Study Program is to provide part-time employment to low-income college students who need financial assistance to enter upon or continue their college educations. And the Work Experience Program will provide constructive work experience and training to unemployed fathers and other needy persons.

The Federal budget for fiscal year 1966 provides $1.5 billion' — almost twice the 1965 amount — in new obligational authority to the Office of Economic Opportunity to carry out these Programs.

Although several million people will be assisted by Community Action Programs [in 1965], and over a half million more will participate directly in education, work, and training programs, this is only the beginning of the Nation's long-range war on poverty. Continuing effort, carried out with skill and imagination, will be required to eliminate poverty in the United States.

Source : Council of Economic Advisers, *Economic Report of the President*, Washington, DC, U.S. Government Printing Office, 1965.

3 *THE CIVIL RIGHTS ACT, 1964*

La déclaration par laquelle Lincoln émancipa les esclaves date de 1863. Mais après la guerre civile, malgré les lois de reconstruction et les 13, 14 et 15es amendements à la Constitution, les Blancs du Sud avaient eu tôt fait de rétablir leur pouvoir en privant les Noirs de droits civiques. La Cour suprême avait même approuvé la ségrégation raciale en 1896. Au cours du demi-siècle suivant, des émeutes, un vaste mouvement de population vers le Nord, avaient exprimé l'insatisfaction des Noirs. Ils avaient des Églises, des journaux, des écoles : ils se donnèrent des organisations revendicatives (NAACP, Urban League). Truman s'attaqua à la ségrégation dans l'armée et des percées se firent dans les sports. Les succès furent néanmoins rares avant la célèbre condamnation de la ségrégation scolaire par la Cour suprême en 1954 — qu'un Eisenhower réticent dut faire respecter en envoyant l'armée à Little Rock (Ark.). Et dix ans plus tard, après bien des affrontements, à l'initiative de Johnson et sous la pression des grandes Églises libérales, le Congrès consacra enfin l'égalité légale absolue de tous les citoyens, quelle que soit leur couleur. La démocratie américaine pouvait dès lors commencer d'éliminer une tare abominable.

TITLE I - VOTING RIGHTS

Section 101 (2) — No person acting under color of law shall

(A) in determining whether any individual is qualified under State law or laws to vote in any Federal election, apply any standard, practice, or procedure different from the standards, practices, or procedures applied under such law or laws to other individuals within the same county, parish, or similar political subdivision who have been found by State officials to be qualified to vote [...].

(C) employ any literacy test as a qualification for voting in any Federal election unless (i) such test is administered to each individual wholly in writing ; and (ii) a certified copy of the test and of the answers given by the individual is furnished to him within twenty-five days of the submission of his request |...|.

TITLE II - INJUNCTIVE RELIEF AGAINST DISCRIMINATION IN PLACES OF PUBLIC ACCOMMODATION

Sec. 201 (a) All persons shall be entitled to the full and equal enjoyment of the goods, services, facilities, privileges, advantages, and accommodations of any place of public accommodation, as defined in this section, without discrimination or segregation on the ground of race, color, religion, or national origin.

(b) Each of the following establishments which serves the public is a place of public accommodation within the meaning of this title if its operations affect commerce.

(1) any inn, motel, or other establishment which provides lodging to transient guests |...|.

(2) any restaurant, cafeteria, lunch room, lunch counter, soda fountain, or other facility principally engaged in selling food for consumption on the premises |...|.

(3) any motion picture house, theater, concert hall, sports arena, stadium or other place of exhibition or entertainment |...|.

Sec. 202 - All persons shall be entitled to be free, at any establishment or place, from discrimination or segregation of any kind on the ground of race, color, religion, or national origin, if such discrimination or segregation is or purports to be required by any law, statute, ordinance, regulation, rule, or order of a State or any agency or political subdivision thereof |...|.

TITLE VI - NONDISCRIMINATION IN FEDERALLY ASSISTED PROGRAMS

Sec. 601 - No person in the United States shall, on the ground of race, color or national origin, be excluded from participation in, be denied the benefits of, or be subjected to discrimination under any program or activity receiving Federal financial assistance.

Source : Civil Rights Act of 1964, 2 juillet 1964.

4 THE VERY CONTROVERSIAL WARREN COURT

Dans ce pays protestant et de droit surtout jurisprudentiel, les interprètes de la loi, les tribunaux, jouent un rôle exceptionnellement important, les juges fondant leurs arrêts sur la Constitution plutôt que sur les lois. La Cour d'appel suprême est très tôt devenue une cour constitutionnelle et l'une des trois branches indépendantes du gouvernement central. Pendant 150 ans au moins, cette Cour fut une force conservatrice. Elle utilisa même le 14ᵉ amendement (1868) pour protéger non les Noirs pour lesquels il avait été fait, mais les milieux d'affaires. Elle jugea en 1935-36 que les réformes du New Deal *n'étaient pas constitutionnelles. Sous la présidence d'Earl Warren, ancien gouverneur conservateur de Californie nommé par Eisenhower, elle prit, au contraire, des décisions progressistes que n'osaient prendre ni l'exécutif, ni le législatif, par crainte de représailles électorales. Elle refléta excellemment l'idéalisme des* Sixtics. *Johnson y nomma le premier Noir en 1967. Nixon, lui, ne cessa d'y nommer des juges conservateurs — et, ce nonobstant, dans les affaires des Dossiers du Pentagone et du Watergate, la Cour s'est franchement opposée à lui. Et elle autorisa le* busing *(déplacement d'écoliers par bus pour assurer l'équilibre racial) en 1971 ; puis l'avortement en 1973 — et elle condamna la peine de mort en 1972. Une de ses décisions le plus contestée fut l'interdiction de la prière à l'école en vertu de la séparation de l'Église et de l'État (1962 & 1963).*

In the high, marbled central chamber of the Supreme Court, Earl Warren sat last week for the last time as the 14th Chief Justice of the United States. It was an occasion of ceremony and speechmaking. Richard Nixon was there to watch Warren Earl Burger, the man he had named as Warren's successor, take his oath of office. [...]

Until the very last, the court that Warren led demonstrated its overriding concern with the rights of the individual. Just minutes before Burger's swearing-in, it handed down three decisions that further protect the rights of criminal defendants [...]. The three decisions exemplified the court's insistence that the states observe strictly the Constitution's guarantees of fair procedure. They also typified what University of Chicago Law Professor Harry Kalven Jr. calls the Warren court's « appetite for action » and its penchant for « taking on tough social questions where the pressures were very high. » That penchant has, of course, kept Warren and his associates embroiled in constant controversy. The court has been accused of everything from coddling criminals and handcuffing the police to approving hard-core pornography and banishing God from the public schools.

No matter what direction the court takes under Chief Justice Burger, nothing is likely to erase the dramatic record written between 1953 and 1969. Not since the days of John Marshall, whose term as Chief Justice ran more than twice as long as Warren's (1801-35), have the Justices broken more new ground in the law. [...] Leon Friedman, co-editor of a forthcoming history entitled *The Justices of the U.S. Supreme Court, 1789-1969*, describes the change in another way : « The magic thing that the court has done is to have initiated a new moral sense in the country, a direction that the legislative and executive branches of government had failed to take. The Supreme Court used to be the anchor of the ship of state. Now it functions as the rudder. »

Earl Warren was recently asked what he considered his most crucial decisions. Each of the cases that he singled out represented one of the three broad fields in which his court wrought the greatest change : legislative apportionment, civil rights, and the rights of criminal defendants. The three cases :

1) *Baker* v. *Carr* (1962), which established that federal courts may intervene to protect the rights of a voter if state legislators do not act to correct malapportionment in voting districts. Proclaiming that for one man's vote to carry more

weight than another's is a denial of equal protection of the law, the court ruled in subsequent cases that voting districts of unequal population were illegal for Congress (*Wesberry* v. *Sanders*, 1964) and for legislative bodies in the states (*Reynolds* v. *Sims*, 1964), and in local government (*Avery* v. *Midland County*, 1968) as well.

2) *Brown* v. *Board of Education* (1954), which outlawed racial segregation in the public schools. Separate schools for Negroes were « inherently unequal, » ruled the court, because the system generates feelings of inferiority in the black children « that may affect their hearts and minds in a way unlikely ever to be undone. » [...]

3) *Gideon* v. *Wainwright* (1963), which declared that a man accused of a felony has a right to free counsel if he cannot afford a lawyer. [...] It was followed by *Escobedo* v. *Illinois* (1964), which held that a suspect may not be prevented from seeing his lawyer during a police interrogation. The most controversial decision of all was *Miranda* v. *Arizona* (1966), which called on the police to warn a suspect of his rights to remain silent and to have a lawyer before being questioned. [...]

Though there is no evidence that *Miranda* occasioned the release of large numbers of criminals, the decision did turn against the court a large group of Americans who are concerned about crime rates. A poll published by the Gallup organisation last month disclosed that a majority in the nation not only opposes the *Miranda* decision but also the 1963 ruling that barred prayers and Bible reading in public schools, and a 1965 decision declaring that compulsory registration of Communist Party members was unconstitutional.

Appointed by President Eisenhower in 1953 after three terms as Governor of California, Earl Warren made an imprint on the court largely because of the strong moral direction that he imparted to it. A man of stern humanitarisan ideals, he loomed on the bench as a kind of Old Testament lawgiver, who approached issues with a disarming simplicity.

Source : « The Legacy of the Warren Court », *Time*, 4 juillet 1969.

5 NEW YORK TIMES VERSUS SULLIVAN

La liberté des médias, du Quatrième pouvoir, est cruciale pour le bon fonctionnement du système politique américain. Depuis le début du 20e siècle au moins, la presse joue plus qu'un rôle d'intermédiaire. Elle pratique davantage le journalisme d'enquête agressif, que Theodore Roosevelt surnomma le muck-raking. *Longtemps celui-ci visa surtout les institutions publiques (corruption, abus de pouvoir, etc.) ; dans les années 60, les entreprises privées devinrent aussi des cibles. La Cour suprême a, depuis les années 1920 et 1930, imposé aux États de respecter le Premier amendement, donc la liberté de presse. Un obstacle cependant restait la législation sur la diffamation. La vérité d'une assertion (à démontrer par l'accusé) était une défense suffisante mais une erreur, même secondaire, pouvait l'annihiler. En 1964, par la* New York Times Rule, *une Cour suprême libérale a accordé aux médias une garantie inouïe dans leur rôle de chien de garde de la démocratie. Plus conservatrice sous la présidence de Warren Burger, la Cour devait, après le Watergate, restreindre la portée de cette décision : les médias à la fois plus mercantiles et plus arrogants ne méritaient pas de privilège. Pourtant, en 1986 elle a réaffirmé sa décision de 1964 : sur les questions d'intérêt public, les médias avaient le droit à l'erreur pourvu qu'elle ne soit pas due à la malveillance. Toujours pour défendre la liberté d'expression, mais très différemment, la Cour avait confirmé en 1969 la* Fairness Doctrine *qui imposait aux radiodiffuseurs de faire entendre des opinions opposées.*

Mr. Justice Brennan delivered the opinion of the Court :

We are required for the first time in this case to determine the extent to which the constitutional protections for speech and press limit a State's power to award damages in a libel action brought by a public official against critics of his official conduct.

Respondent I. B. Sullivan is one of the three elected Commissioners of the City of Montgomery, Alabama. He testified that he was « Commissioner of Public Affairs and the duties are supervision of the Police Department, Fire Department, Department of Cemetery, and Department of Scales. » He brought this civil libel action against the four individual petitioners, who are Negroes and Alabama clergymen, and against petitioner the New York Times Company. A jury in the Circuit Court of Montgomery County awarded him damages of $500,000, the full amount claimed, against all the petitioners, and the Supreme Court of Alabama affirmed.

Respondent's complaint alleged that he had been libeled by statements in a full-page advertisement that was carried in the *New York Times* on March 29, 1960. Entitled « Heed Their Rising Voices, » the advertisement began by stating that « As the whole world knows by now, thousands of Southern Negro students are engaged in widespread nonviolent demonstrations in positive affirmation of the right to live in human dignity as guaranteed by the U.S. Constitution and the Bill of Rights. » It went on to charge that « in their efforts to uphold these guarantees, they are being met by an unprecedented wave of terror by those who would deny and negate that document which the whole world looks upon as setting the pattern for modern freedom... » [...] It is uncontroverted that some of the statements were not accurate descriptions of events which occured in Montgomery. [...]

Because of the importance of the constitutional issues involved, we granted the separate petitions for certiorari of the individual petitioners and of the *Times*. We reverse the judgment. We hold that the rule of law applied by the Alabama courts is constitutionally deficient for failure to provide the safeguards for freedom of speech and of the press that are required by the First and Fourteenth

Amendments in a libel action brought by a public official against critics of his official conduct. [...]

The general proposition that freedom of expression upon public question is secured by the First Amendment has long been settled by our decisions. The constitutional safeguard, we have said, « was fashioned to assure the unfettered interchange of ideas for the bringing about of political and social changes desired by the people. » [...] « The maintenance of the opportunity for free political discussion to the end that government may be responsive to the will of the people and that changes may be obtained by lawful means, an opportunity essential to the security of the Republic, is a fundamental principle of our constitutional system. » [...] « [I]t is a prized American privilege to speak one's mind, although not always with perfect good taste, on all public institutions, » [...] and this opportunity is to be afforded for « vigorous advocacy » no less than « abstract discussion. » [...] The First Amendment, said Judge Learned Hand, « presupposes that right conclusions are more likely to be gathered out of a multitude of tongues, than through any kind of authoritative selection. To many this is, and always, will be, folly ; but we have staked upon it our all. » [...]

Thus we consider this case against the background of a profound national commitment to the principle that debate on public issues should be uninhibited, robust, and wide-open, and that it may well include vehement, caustic, and sometimes unpleasantly sharp attacks on government and public officials. [...] The present advertisement, as an expression of grievance and protest on one of the major public issues of our time, would seem clearly to qualify for the constitutional protection. The questions is whether it forfeits that protection by the falsity of some of its factual statements and by its alleged defamation of respondent.

Authoritative interpretations of the First Amendment guarantees have consistently refused to recognize an exception for any test of truth, whether administered by judges, juries, or administrative officials—and especially not one that puts the burden of proving truth on the speaker. [...] As Madison said « Some degree of abuse is inseparable from the proper use of every thing ; and in no instance is this more true than in that of the press. » That erroneous statement is inevitable in free debate, and that it must be protected if the freedoms of expression are to have the « breathing space » that they « need [...] to survive. » [...]

Just a factual error affords no warrant for repressing speech that would otherwise be free, the same is true of injury to official reputation. Where judicial officers are involved, this Court has held that concern for the dignity and reputation of the courts does not justify the punishment as criminal contempt of criticism of the judge or his decision. This is true even though the utterance contains « half-truths » and « misinformation. » [...] If judges are to be treated as « men of fortitude, able to thrive in a hardy climate, » [...] surely the same must be true of other government officials, such as elected city commissioners. Criticism of their official conduct does not lose its constitutional protection merely because it is effective criticism and hence diminishes their official reputations. [...]

The constitutional guarantees require, we think, a federal rule that prohibits a public official from recovering damages for a defamatory falsehood relating to his official conduct unless he proves that the statement was made with « actual malice »—that is, with knowledge that it was false or with reckless disregard of whether it was false or not. [...]

Source : U.S. Supreme Court, *New York Times Company v. Sullivan* 376 US 255 (1964).

Lectures complémentaires

Doris Kearns, *Lyndon Johnson and the American Dream*, New York : Harper & Row, 1976.

Michael Harrington, *L'autre Amérique : la pauvreté aux États-Unis*, Paris : Gallimard, 1967.

Alan F. Westin, ed., *Freedom Now : The Civil Rights Struggle in America*, New York : Basic Books, 1961.

CHAPITRE V
LA GUERRE AU VIETNAM

Ce conflit lointain a dominé la seconde partie de la période. Ce fut de loin la guerre la plus longue de l'histoire américaine ; la guerre la plus impopulaire, du fait (pour une part) que ce fut la première à être télévisée tous les soirs ; et la seule guerre que les États-Unis ait perdue. Sur la scène internationale, ils perdirent prestige et sympathie. Sur la scène intérieure, la guerre détourna les ressources nécessaires aux réformes, nourrit la passion des contestataires et provoqua le ressentiment de la *Middle America*.

Il y avait longtemps que marchands et missionnaires américains étaient fascinés par l'Extrême Orient — mais en 1949 le protégé des États-Unis Chang Kaï Chek avait été expulsé de Chine ; puis ils avaient dû admettre le match nul en Corée après une guerre très dure (1950-1953). Pouvaient-ils laisser basculer le domino vietnamien ? En Corée, ils s'étaient rués à la bataille : c'est peu à peu qu'ils s'enfoncèrent dans le bourbier indochinois. Truman avait fourni un peu d'aide aux Français. Eisenhower, ancien général, sut mieux résister aux bellicistes que ses trois successeurs. JFK expédia jusqu'à 15 000 conseillers militaires. Puis l'accélération se produisit, en août 1964, quand LBJ obtint du Congrès la *Tonkin Gulf Resolution*, à la suite d'une prétendue attaque nord-vietnamienne sur un navire de l'US Navy : Johnson obtenait carte blanche pour mener la guerre.

En fin 1965, 184 000 soldats américains combattaient en Indochine. En avril 1969, ils étaient 543 000, le maximum, plus qu'en Corée. L'année suivante, Nixon commençait de les retirer tandis que la guerre était « vietnamisée », puis il accentuait les bombardements sur le Nord. En janvier 1973 enfin, la paix était signée à Paris. Mais en 1975 les combats reprenaient et les communistes s'emparaient du pouvoir dans le Sud. Des centaines de milliers de morts, des dégâts terribles (plus de bombes avaient été lâchées que durant la Seconde Guerre mondiale), des dépenses énormes — et les Vietnamiens, dont le patriotisme et le courage avaient impressionné, étaient à peine débarrassés des derniers intrus qu'eux-mêmes envahissaient le Cambodge et en faisaient une colonie.

1 MCNAMARA ON VIETNAM

En 1971, le New York Times *publia un rapport secret sur les origines de l'engagement américain au Vietnam, commandé en 1967 par le Ministre de la défense McNamara. Nixon voulut imposer la censure mais la Cour suprême saisie l'en empêcha. Il apparaissait, entre autres, dans les* Dossiers du Pentagone *que le gouvernement et les militaires avaient trompé le Congrès et l'opinion publique afin d'obtenir toujours plus de fonds et de troupes en renfort. Il apparaissait que McNamara, ancien président de la Ford, un des « petits génies » (*Whiz kids*) attirés à Washington par JFK, avait dès 1966 une vue extrêmement lucide et très pessimiste de la guerre tant en ce qui concerne les bombardements du Nord que les combats contre la guérilla dans le Sud — et aussi du régime en place à Saïgon. Il recommandait des négociations entre les quatre parties en cause. Cela se passait sept ans avant que les accords de Paris ne permettent un cessez-le-feu. Cette publication de documents volés fit d'autant plus scandale qu'ils justifiaient les critiques du* Movement *contre les autorités.*

1. Evaluation of the Situation

[...] The one thing demonstrably going for us in Vietnam over the past year has been the large number of enemy killed-in-action resulting from the big military operations. Allowing for possible exaggeration in reports, the enemy must be taking losses — deaths in and after battle — at the rate of more than 60,000 a year. [...] It appears that he can more than replace his losses by infiltration from North Vietnam and recruitment in South Vietnam.

Pacification is a bad disappointment. We have good grounds to be pleased by the recent elections, by Ky's 16 months in power, and by the faint signs of development of national political institutions and of a legitimate civil government. But none of this has translated itself into political achievements at Province level or below. Pacification has if anything gone backward. As compared with two, or four, years ago, enemy fulltime regional forces and part-time guerilla forces are larger ; attacks, terrorism and sabotage have increased in scope and intensity ; more railroads are closed and highways cut ; the rice crop expected to come to market is smaller ; we control little, if any, more of the population ; the VC political infrastructure thrives in most of the country, continuing to give the enemy his enormous intelligence advantage ; full security exists nowhere (not even behind the U.S. Marines' lines and in Saigon) ; in the countryside, the enemy almost completely controls the night.

Nor has the ROLLING THUNDER program of bombing the North either significantly affected infiltration or cracked the morale of Hanoi.

In essence, we find ourselves — from the point of view of the important war (for the complicity of the people) — no better, and if anything worse off. This important war must be fought and won by the Vietnamese themselves. We have known this from the beginning. But the discouraging truth is that, as was the case in 1961 and 1963 and 1965, we have not found the formula, the catalyst, for training and inspiring them into effective action.

2. Recommended Actions — In such an unpromising state of affairs, what should we do ? [...]

a. Stabilize U.S. Force-Levels in Vietnam — It is my judgment that, barring a dramatic change in the war, we should limit the increase in U.S. forces in SVN in 1967 to 70,000 men and we should level off at the total of 470,000 which such an increase would provide. [...]

b. Install a Barrier — A portion of the 470,000 troops—perhaps 10,000 to 20,000 — should be devoted to the construction and maintenance of an infiltration barrier. Such a barrier would lie near the 17th parallel — would run from the sea, across the neck of South Vietnam (choking off the new infiltration routes through the DMZ) and across the trails in Laos. [...]

c. Stabilize the ROLLING THUNDER Program Against the North — Attack sorties in North Vietnam have risen from about 4,000 per month at the end of last year to 6,000 per month in the first quarter of this year and 12,000 per month at present. |...| Despite these efforts, it now appears that the North Vietnamese-Laotian road network will remain adequate to meet the requirements of the Communist forces in South Vietnam. Furthermore, it is clear that to bomb the North sufficiently to make a radical impact upon Hanoi's political, economic and social structure, would require an effort which we could make but which would not be stomached either by our own people or by world opinion ; and it would involve a serious risk of drawing us into open war with China.

d. Pursue a Vigourous Pacification Program — The large-unit operations war, which we know best how to fight and where we have had our successes, is largely irrelevant to pacification as long as we do not lose it. By and large, the people in rural areas believe that the GVN when it comes will not stay but that the VC will ; that cooperations with the GVN will be punished by the VC ; that the GVN is really indifferent to the people's welfare ; that the low-level GVN are tools of the local rich ; and that the GVN is ridden with corruption.

The U.S. cannot do this pacification security job for the Vietnamese. |...| The GVN must do the job ; and I am convinced that drastic reform is needed if the GVN is going to be able to do it. The first essential reform is in the attitude of GVN officials. They are generally apathetic, and there is corruption high and low. Often appointments, promotions, and draft deferments must be bought ; and kickbacks on salaries are common.

The second needed reform is in the attitude and conduct of the ARVN. The image of the government cannot improve unless and until the ARVN improves markedly. The ARVN is weak in dedication, direction and discipline.

e. Press for Negotiations — I am not optimistic that Hanoi or the VC will respond to peace overtures now. The ends sought by the two sides appear to be irreconcilable and the relative power balance is not in their view unfavorable to them. But four things can be done, I believe, to increase the prospects :

1. Take steps to increase the credibility of our peace gestures in the minds of the enemy. There is considerable evidence both in private statements by the Communists and in the reports of competent Western officials who have talked with them that charges of U.S. bad faith are not solely propagandistic, but reflect deeply held beliefs. As a way of projecting U.S. bona fides, I believe that we should consider [...] first, without fanfare, conditions, or avowal, whether the stand-down was permanent or temporary, to stop bombing all of North Vietnam. [...]

2. Try to split the VC off from Hanoi.

3. Press contacts with North Vietnam, the Soviet Union and other parties who might contribute toward a settlement.

4. Develop a realistic plan providing a role for the VC in negociations, postwar life, and government of the nation. An amnesty offer and proposals for national reconciliation would be steps in the right direction. [...]

3. The Prognosis — The prognosis is bad that the war can be brought to a satisfactory conclusion within the next two years. The large-unit operations probably will not do it ; negociations probably will not do it. *While we would continue to pursue both of these routes in trying for a solution in the short run, we should recognize that success from them is a mere possibility, not a probability.*

Source : Robert McNamara, *Memorandun for President Johnson*, October 1966 - in *Pentagon Papers*, Neil Sheehan ed., document n° 118, 1971.

2 LETTERS FROM THE GRUNTS

Il y eut 2,7 millions d'Américains qui servirent au Vietnam. Aux États-Unis, on présentait les G.I.s soit comme des chevaliers de la démocratie arcboutés contre le péril rouge, soit comme des massacreurs de petits guerriers libérant leur patrie. En fait, ils étaient pour la plupart des jeunes gens épuisés, effrayés, écœurés, qui ne comprenaient ni pourquoi ils étaient là, ni pourquoi on semblait les haïr au Vietnam comme aux États-Unis. Toutes les guerres américaines avaient suscité des protestations, mais aucune n'avait engagé des conscrits si longtemps avec si peu de justification et de succès. C'est pour ne pas mourir dans les rizières que les étudiants se soulevèrent, certains préférant s'exiler. Au combat se trouvaient en nombre disproportionné des jeunes des milieux populaires, incapables de se faire exempter, rednecks *du Sud,* blue collar ethnics *et Noirs. Ce fut un long cauchemar, diversement et superbement rendu par les films* Apocalypse Now *et* Platoon *: il menait souvent à la drogue, au sadisme, à la dépression. Ce n'est qu'au début des années 80, auprès du mur du souvenir érigé à Washington, DC, pour les 58 000 morts américains — que bien des* Viet vets *se débarrassèrent enfin de leurs frustrations en brisant l'oubli où le grand public les avait rejetés.*

It hurts so much sometimes to see the paper full of demonstrators, especially people burning the flag. Fight fire with fire, we ask here. Display the flag, Mom and Dad, please, every day. And tell your friends to do the same. It means so much to us to know we're supported, to know not everyone feels we're making a mistake being here.

— ARMY NURSE LYNDA VAN DEVANTER
Writer, teacher and counselor
living near Washington, D.C.

I am now filled with both respect and hate for the V.C. [1] *and the Vietnamese. Respect because the enemy knows that he can't stand up to us in a fire fight due to our superior training, equipment and our vast arsenal of weapons. Yet he is able. Via his mines and booby traps, he can whittle our ranks down piecemeal until we cannot muster an effective fighting force. In the month that I have been with the company, we have lost four killed and about 30 wounded. We have not seen a single verified dink* [1] *the whole time.*

— *LIEUT. ROBERT C. RANSOM JR.*
Died of peritonitis and pneumonia after being wounded by a mine.

[My platoon leader died fighting for a people who have no concern for the war, people he did not understand, [who] knew where the enemy were, where the booby traps were hidden, yet gave no support. People that he would give portions of his food to yet would try to sell him a Coke for $1. People who cared not who the winner was—yet they will say he died for his country, keeping it free. Negative. This country is no gain that I can see, Dad. We're fighting, dying, for a people who resent our being over here. The only firm reason I can find is paying with Commie lives for U.S. lives.

— SGT. PHILLIP L. WOODALL
Insurance firm manager, Pineville, N.C.

Really, the physical and human damage done over the last few years is much greater than I realized—especially the human damage...Not just the dead, but the G.I.s who can't talk in coherent sentences anymore, or the ones who have found they love to kill, or the Vietnamese, who must have been a very gentle, graceful people before the war turned them into thieves, black marketeers and prostitutes...I feel like I'm at the bottom of a great sewer.

— *SP5 THOMAS P. PELLATON*
Singer and maître d' in a New York City hotel.

I'm sick both physically and mentally. I smoke too much, am constantly coughing, never eat, always sit around in a daze. All of us are in this general condition. We are all afraid to die, and all we can do is count the days till we go home.

We're all in desperate need of love. When we go to Saigon, we spend all our money on women and beer. Some nights I don't sleep. I can't stand being alone at night. The guns don't bother me—I can't hear them anymore. I want to hold my head between my hands and run screaming away from here. I cry too, not much, just when I touch the sore spots. I'm hollow, Mrs. Perko. I'm a shell, and when I'm scared I rattle. I'm no one to tell you about your son. I can't I'm sorry.

— MARINE CPL. JOHN HOUGHTON

Writing to the mother of a slain comrade. Tugboat deckhand living in Camdem, N.J.

(1) Viet Cong soldier(s).

Source : « Dear America : Letters Home from Vietnam » *(New York : Norton, 1985), cité par* Time, *15 avril 1985.*

3 THE MYLAI MASSACRE

La guerre était lointaine. Pendant longtemps, ceux qui n'y avaient pas un parent ou un ami y prêtèrent peu attention. Les médias reproduisaient les statistiques optimistes (parfois falsifiées) des militaires sur ce combat que les États-Unis menaient contre le totalitarisme. Les body counts *quotidiens, chiffres des morts ennemis, prouvaient le succès. L'Amérique avait mis en œuvre sa technologie : napalm et défoliants, hélicoptères et blindés — et les B-52 qui bombardaient de très haute altitude. À ras de terre, le massacre était moins acceptable. La nouvelle de celui de Mylai, ou* Pinkville, *fut connu avec 18 mois de retard. L'auteur des photos en couleurs eut du mal à les publier, mais leur impact fut grand. Soudain, bien mieux que dans les journaux télévisés, on découvrait les horreurs de la contre-guerilla. Avec ses 600 morts Mylai devint symbolique. Des G.I.s commettaient de ces « crimes de guerre » qu'on associait à la barbarie nazie. Une réaction fut le cynisme. Le Lieutenant Calley (condamné à la prison à vie en 1971 et bientôt relâché) et ses hommes obéissaient aux ordres, tuaient des ennemis, des petits gnomes méprisables. Une autre réaction fut la conviction que cette guerre devait cesser, sans conditions.*

The massacre of women and children by American soldiers at the South Vietnamese village of Songmy in Quangngai Province raises some fundamental questions. Who was to blame — the men who killed the people in the village, the officers who gave the orders to kill them, or the « system » of war which trapped them all ?

Beyond this, there is another question, which Vice President Agnew has raised. Whatever happened in the massacres of Songmy, should it be reported by press, radio and television, since clearly reporting the murder of civilians by American soldiers helps the enemy, divides the people of this country, and damages the ideal of America in the world ?

The main facts of this tragedy are not in dispute. Even the President and the Secretary of Defense were discussing them on the phone this morning and agreeing that they had to deal with the main charge : that members of « Company C., First Battalion, 20th Infantry, did, at Mylai 4 (Songmy village), Quangngai Province, on or about 16 March 1968, with premeditation, murder an unknown number of Oriental human beings, not less than 70, males and females of various ages, whose names are unknown..., by means of shooting them with a rifle ».

Some of the men of Company C who did the shooting and some who refused to shoot, have recently reported to the press and television networks what happened. It is an appalling story of confusion and brutality, of gunning down children and women, of American soldiers who could not do it, and others who felt it was their duty to carry out orders, and some who were so brutalized or so confused or ignorant that they didn't know what they were doing or were being asked to do.

It is interesting, in the light of this testimony by the men who fired the guns, to look back at the official reports of this « incident » at the village. The text of the American MACV communiqué of March 16, 1968, reads :

« Operation Muscatine : Quangrgai Province. Thus far, 128 enemy have been killed in an engagement between elements of the Americal Division's Eleventh Light Infantry Brigade and an enemy force of unknown size... ». A shorter version of this official communiqué said : « In an action today, Americal Divisional forces have killed 128 enemy near Quangngai City ». Nothing was said about small gunfire against the residents of the city.

The reporters missed the tragedy of Songmy, and no wonder. They were conned by the Pentagon propaganda chiefs in Saigon, but the Americans are a moral and gabby people, and the truth finally came out. After all, there are now over a million Americans back in civilian life who have fought in Vietnam, and some of them have now told what they saw in that tragic village.

What they saw was « the enemy », and they wiped it out « on orders », not only the Vietcong but the women and the children, and now that the facts have been told, everybody concerned, including the President and the Secretary of Defense, is appalled and apologetic.

But the village of Songmy or Mylai 4 was what the Pentagon and General Abrams in Saigon called a « free-fire zone ». That is to say, it was a village under control of the enemy, and therefore a fair target for the B-52 bombers and the artillery. The B-52's hit villages like this all the time in the « free zone », killing anybody in the area. Ditto the artillery guns. The only difference in the attack of Company C was that they saw the human beings in the village and killed them with their M-16's anyway, and then told their story on T.V.

So there is a question, which is now going to the military courts. Is Paul Meadlo of Terre Haute, Ind., this tragic and limited human being, to blame ? Or William L. Calley Jr., the hard-faced lieutenant, who gave the orders ? Or the higher officers who watched the carnage and let it go on ?

Or was it « the system ? » What is the difference between the B-52 bombardier or the long-range artillery officer who wipes out the women and children in the village and the man who fires the M-16 under orders ? One sees the human agony before he fires and the other doesn't. In human terms it is a big difference — but the end for the villagers is the same.

The President and the Secretary of Defense now have to deal with this question. The facts are out, and as Vice President Agnew says, they hurt the Government and the country but what is to be done ? Should the facts be suppressed, the soldiers who kill on the ground be hung and the airmen in the B-52's who kill many more be praised ?

It would be interesting to hear from the President and the Vice President on these questions, but they are remarkably silent.

Source : James Reston, « The Massacre of Songmy : Who is to Blame ? », *New York Times*, 26 novembre 1969.

4 TET : THE PRESIDENT'S VIEW

Depuis des années, les états-majors annonçaient la victoire et sous-estimaient les forces du Viet Cong et des Nord-Vietnamiens infiltrés dans le Sud par la piste Ho Chi Minh. Quand ceux-ci, lors de la fête du Têt, lancèrent une vaste offensive, le choc fut profond. Les communistes avaient déjà plusieurs fois pris le risque de passer de la guérilla à la guerre ouverte, mais jamais sur une pareille échelle. Comme d'ordinaire face à la puissance de feu américaine, ils furent massacrés — et il leur fallut deux ans pour reconstituer leurs forces. Mais ils remportèrent une grande victoire psychologique : aux États-Unis on prit soudain conscience de leur force. Il en résulta un tournant dans le déroulement de la guerre. Une vaste majorité d'Américains eurent le sentiment qu'on les avait trompés et qu'une victoire, si même elle était désirable, était impossible. Les deux adversaires étant affaiblis, ils pouvaient négocier. En fin 1968, après que LBJ arrêta les bombardements du Nord-Vietnam, les pourparlers commencèrent à Paris — mais les Nord-Vietnamiens allaient longtemps refuser de laisser les États-Unis sauver la face.

OPENING STATEMENT

We have known for several months now that the Communists planned a massive winter-spring offensive. We have detailed information on Ho Chi Minh's order governing that offensive. Part of it is called a « general uprising. »

We know the object was to overthrow the constitutional government in Saigon and to create a situation in which we and the Vietnamese would be willing to accept a Communist-dominated coalition government.

Another part of that offensive was planned as a massive attack across the frontiers of South Viet-Nam by North Vietnamese units. We have already seen the general uprising.

General Westmoreland's headquarters report the Communists appear to have lost over 10,000 men killed and some 2,300 detained. The United States has lost 249 men killed. The Vietnamese, who had to carry the brunt of the fighting in the cities, lost 553 killed, as of my most recent report from the Westmoreland headquarters.

There were also a number of attacks on United States airfields throughout the country. We have confirmed the loss of 15 fixed-wing aircraft, and 23 helicopters were destroyed. A good many more were damaged but will be returned to service. [...]

The biggest fact is that the stated purposes of the general uprising have failed. Communist leaders counted on popular support in the cities for their effort. They found little or none. [...]

QUESTIONS AND ANSWERS

Q. Mr. President, does this present rampage in South Viet-Nam give you any reason to change any assessment that you have made previously about the situation in South Viet-Nam ?

The President : I am sure that we will make adjustments to what we are doing there.

Insofar as changing our basic strategy, the answer would be « No ». I think that there will be changes made here and there as a result of experience that comes from efforts such as they have made. Our best experts think that they had two purposes in mind.

First was a military success. That has been a complete failure. That is not to say that they have not disrupted services. It is just like when we have a riot in a town or when we have a very serious strike or bridges go out or lights — power failures and things. They have disrupted services. A few bandits can do that in any city in the land.

Obviously, they have in the Viet Cong hundreds and thousands ; so it is nothing unexpected to anticipate that they will try in cooperation with their friends from the North to coordinate their activities.

The ferocity and the violence, the lack of — the deception and the lack of concern for the basic elements that appeal to human beings — they may have shocked a lot of people in that respect.

The ability to do what they have done has been anticipated, prepared for, and met. Now, so much for the military movements. This is not just a civilian judgment. This is the judgment of the military men in the field, for whatever that judgment is worth to us back here as expert Monday morning quarterbacks.

That is the judgment of the best military advice I have here, I met with them yesterday at lunch at some length. I had General Ridgway come down and spend some time with me and talked to him.

I have spent a good deal of time talking to General Taylor. I had all of the Joint Chiefs of Staff in yesterday. We explored and discussed what had happened, what was happening, what might happen, and so forth. I have talked to the Pentagon this morning, very early, and have been in touch with Secretary McNamara before his testimony. Their general conclusion is that as a military movement it has been a failure.

Their second objective, obviously, from the — what you can see from not only Viet-Nam but from other Communist capitals, even from some unknowing people here at home, is a psychological victory.

We have to realize that in moments of tenseness and trial, as we will have today and as we had in the past days, that there will be a great effort to exploit that and let that substitute for military victory they have not achieved.

I do not believe when the American people know the facts, when the world knows the facts, and when the results are laid out for them to examine. I do not believe that they will achieve a psychological victory.

Source : President Lyndon B. Johnson, conférence de presse du 2 janvier 1968.

5 *1968 : LBJ WILL NOT RUN AGAIN*

Après son triomphe de 1964, LBJ aurait voulu devenir le Roosevelt des années 60, le grand réformateur social et vainqueur militaire. Il croyait y parvenir par l'accumulation de lois aux États-Unis, de bombes sur le Nord-Vietnam et de troupes dans le Sud. Mais après le Têt, l'économie fléchissait ; on semblait rendre le Président responsable tant des déboires militaires que de l'agitation dans les ghettos et sur les campus ; les médias que LBJ avait tant fait pour séduire, tromper, intimider — semblaient douter de toutes ses paroles (le credibility gap*), en particulier le vénéré Walter Cronkite, de CBS, après une visite au Vietnam. Alors Johnson perdit courage. Dans la première élection primaire de la campagne de 1968, le gauchisant Eugene McCarthy se plaça à quelque 400 voix derrière lui, ce que voyant Robert Kennedy se lança dans la course. LBJ prit alors la décision de ne pas briguer un deuxième mandat. En l'annonçant immédiatement, le vieux renard commit une grave erreur politique, se condamnant à l'impuissance pour les sept mois qui le séparaient de l'élection, qui d'ailleurs devenait difficile pour tout candidat démocrate.*

[...] Tonight, I renew the offer I made last August — to stop the bombardment of North Vietnam. We ask that talks begin promptly, and that they be serious talks on the substance of peace. [...]

Tonight, in the hope that this action will lead to early talks, I am taking the first step to de-escalate the conflict. Tonight, I have ordered our aircraft and naval vessels to make no attacks on North Vietnam, except in the area north of the demilitarized zone (DMZ) where the continuing enemy build-up directly threatens allied forward positions. [...]

Now, as in the past, the United States is ready to send its representatives to any forum, at any time, to discuss a means of bringing this war to an end.

Tonight, we and other allied nations are contributing 600,000 fighting men to assist 700,000 South Vietnamese troops in defending their country. Our presence there has always rested on this basic belief : the main burden of preserving their freedom must be carried by the South Vietnamese themselves.

We shall accelerate the reequipment of South Vietnam's armed forces to meet the enemy's increased fire-power. This will enable them progressively to undertake a larger share of combat operations against the Communists. |...|

Actions we have taken since the beginning of the year will require additional expenditures. The estimate of those additional expenditures is $2.5 billion in this fiscal year, and $2.6 billion in the next fiscal year.

These projected increases in expenditures for our national security bring into sharper focus the nation's need for immediate action to protect the prosperity of the American people and the strength and stability of the dollar.

On many occasions I have pointed out that, without higher taxes or decreased expenditures, next year's deficit would again be around $20 billion. |...| Yet Congress has not acted. And today we face the sharpest financial threat in the post war era—a threat to the dollar's role as the keystone of international trade and finance.

What is now at stake is seven years of unparalleled prosperity. In those seven years the real income of the average American — after taxes — rose by almost 30 percent — a gain as large as that of the preceding 19 years.

|...| Our objective in South Vietnam has never been the annihilation of the enemy. It has been to bring about a recognition in Hanoi that its objective — taking over the south by force — could not be achieved.

Peace can be based on the Geneva accords of 1954, under political conditions that permit the South Vietnamese — all the South Vietnamese — to chart their course free of any outside domination or interference. |...|

Peace will come because Asians were willing to work for it — to sacrifice for it — to die for it. But let it never be forgotten : peace will come also because America sent her sons to help secure it.

It has not been easy — far from it. During the past four and a half years, it has been my fate and responsibility to be commander-in-chief. I have lived — daily — with the cost of this war. I know the pain it has inflicted and the misgivings it has aroused.

Throughout this period, I have been sustained by a single principle : That what we are doing now, in Vietnam, is vital not only to the security of Asia, but to our own security. [...]

the President ended his prepared text and began his additional remarks.)

[...] For 37 years in the service of our nation, first as a Congressman, a senator, and a Vice President and now as your President, I have put the unity of the people first. I have put it ahead of any divisive partisanship. In these times, as in times before, it is true that a house divided against itself by the spirit of faction, party, region, of religion, of race is a house that cannot stand.[...]

With American sons in the fields far away, with America's future under challenge right here at home, with our hopes and the world's hopes for peace in the balance every day, I do not believe that I should devote an hour or a day of my time to any personal partisan causes or to any duties other than the awesome duties of this office, the Presidency of your country.

Accordingly, I shall not seek and I will not accept the nomination of my party for another term as your President.

Source : Président Lyndon B. Johnson, allocution radio-télévisée sur la guerre du Vietnam, telle qu'elle fut citée par le *Boston Globe* du 1er avril 1968.

Lectures complémentaires

Stanley Karnow, *Vietnam : A History*, New York : Viking, 1983.
Seymour M. Hersh, *My Lai 4*, New York : Random House, 1970.
Kathleen L. Turner, *Lyndon Johnson's Dual War : Vietnam and the Press*, Chicago : Chicago University Press, 1985.

CHAPITRE VI
CONTESTATIONS ET CONTRE-CULTURE

Les *Sixties* sont avant tout mémorables pour deux mouvements de jeunes, l'un critique du « système » socio-politique, l'autre de la culture conventionnelle. Les *baby boomers* n'avaient connu ni la crise, ni la guerre. Aux enfants gâtés des banlieues, on avait inculqué beaucoup d'idéaux mais peu de fermeté et de discipline. Ils arrivèrent sur les campus des *colleges*, à mi-chemin du monde réel, au moment où la lutte des Afro-Américains atteignait son paroxysme et où s'amplifiait une sale guerre en Asie : ils furent choqués et se rebellèrent. C'est dans la tradition américaine : d'une manière ou d'une autre tous les immigrants ont été des dissidents et la nation est née d'une révolte contre la Grande-Bretagne. Au 19e siècle se sont succédées de vastes croisades contre l'esclavage, l'alcool, les trusts. Si les contestataires du début du 20e siècle pouvaient être traités en métèques à idéologies étranges (communiste, anarchiste) — pas les jeunes des *Sixties*. Ils sortaient de la bourgeoisie américaine. Parmi eux se démenèrent des militants de groupuscules gauchistes ; et à l'occasion des foules ni jeunes, ni étudiants se mêlèrent à eux — mais c'est eux, *the kids*, qui menaient le train.

Éclos vers 1964, leur mouvement éclipsa celui des Noirs vers 1967, et culmina en 1968-1970. Sa fin en 1972 fut due à une coïncidence de facteurs : la fin de la guerre, la récession, la répression, le succès de certaines revendications, et la lassitude. Au conformisme compassé, puritain, petit-bourgeois des *Fifties* et à leurs quelques *beatniks* intellectuels et moroses, succédait un individualisme protestataire, vigoureux, décontracté, joyeux, tout à la fois hédoniste et idéaliste. Tout superficiels et naïfs qu'ils étaient, ces jeunes retrouvaient des valeurs protestantes anciennes comme le non-conformisme rebelle d'un Roger Williams (le baptiste du 17e siècle) ou d'un Thoreau. Et ils y mêlaient des valeurs latines, comme la sensualité. Ils n'étaient pas des révolutionnaires : ils rêvaient d'améliorer l'Amérique, d'y bâtir enfin l'utopie.

Leurs idées et leurs comportements furent d'abord vilipendés, surtout par les plus de 30 ans, surtout en dehors des côtes Ouest et Est, surtout parmi les ouvriers et les ruraux. Mais bon nombre ensuite furent adoptés dans toutes les régions et dans toutes les couches sociales — au point que, paradoxalement, on parla de l'échec du *Mouvement* et de l'évanouissement de la contre-culture. Leurs effets sont indéniables pourtant. Certains furent lamentables, comme la quête généralisée du bonheur dans les drogues. D'autres furent mitigés, comme l'activisme des innombrables groupes de la *Rights Revolution* des années 70, plus soucieux de droits que de devoirs. Certains effets enfin furent très positifs, comme ce pluralisme qui s'instaura dans tous les domaines et qui implique richesse, diversité et tolérance accrues.

1 HOW THE MOVEMENT STARTED : THE FSM

La vieille gauche américaine avait mal résisté à la Guerre froide. C'est la participation de jeunes Blancs en tous genres à la lutte des Noirs qui éveilla la conscience socio-politique et leur fournit des méthodes. On parla bientôt de « the student as nigger », *puis* « the woman as nigger » *; on allait parler de* Reporter Power *chez les journalistes et de* Grey Power *chez les vieux. Néanmoins, au centre de la contestation se trouvaient des étudiants. Droits civiques et pacifisme étaient associés depuis longtemps (depuis les Quakers du 18e siècle) — mais avant que les campus ne se mobilisent contre la guerre au Vietnam, certains étudiants dénonçaient l'«* Establishment *», « le système », et particulièrement l'institution universitaire. Le principal stimulateur de la Nouvelle gauche fut le SDS (*Students for a Democratic Society*) qui était gauchiste (*radical*) mais, sauf à la fin, ne fut pas idéologique. Comme le montre son manifeste de 1962, le* Port Huron Statement, *le SDS s'inspirait de valeurs progressistes classiques : respect des droits individuels, anti-autoritarisme, autogestion, solidarité, etc., reflétées dans son maître-slogan : « la démocratie de participation ». Cela dit, aux yeux de l'opinion, tout commença à l'Université de Californie à Berkeley, par le* Free Speech Movement *jaillissement spontané. La baie de San Francisco resta jusqu'au début des années 70 un pôle de la contestation et de la contre-culture.*

Last summer I went to Mississippi to join the struggle there for civil rights. This fall I am engaged in another phase of the same struggle, this time in Berkeley. The two battlefields may seem quite different to some observers, but this is not the case. The same rights are at stake in both places—the right to participate as citizens in democratic society and the right to due process of law. Further, it is a struggle against the same enemy. In Mississippi an autocratic and powerful minority rules, through organized violence, to suppress the vast, virtually powerless majority. In California, the privileged minority manipulates the university bureaucracy to suppress the students' political expression. That « respectable » bureaucracy masks the financial plutocrats : that impersonal bureaucracy is the efficient enemy in a « Brave New World. »

In our free-speech fight at the University of California, we have come up against what may emerge as the greatest problem of our nation — depersonalized, unresponsive bureaucracy. We have encountered the organized status quo in Mississippi, but it is the same in Berkeley. Here we find it impossible usually to meet with anyone but secretaries. Beyond that, we find functionaries who cannot make policy but can only hide behind the rules. |...|

As bureaucrat, an administrator believes that nothing new happens. He occupies an a-historical point of view. In September, to get the attention of this bureaucracy which had issued arbitrary edicts suppressing student political expression and refused to discuss its action, we held a sit-in on the campus. We sat around a police car and kept it immobilized for over thirty-two hours. At last, the administrative bureaucracy agreed to negotiate. But instead, on the following Monday, we discovered that a committee had been appointed, in accordance with usual regulations, to resolve the dispute. Our attempt to convince any of the administrators that an event had occurred, that something new happened, failed. They saw this simply as something to be handled by normal university procedures.

The same is true of all bureaucracies. They begin as tools, means to certain legitimate goals, and they end up feeding their own existence. The conception that bureaucrats have is that history has in fact come to an end. No events can occur now that the Second World War is over which can change American society substantially. We proceed by standard procedures as we are. |...|

After a long period of apathy during the fifties, students have begun not only to question but, having arrived at answers, to act on those answers. This is part of a growing understanding among many people in America that history has not ended, that a better society is possible, and that it is worth dying for. [...]

One conception of the university, suggested by a classical Christian formulation, is that it be in the world but not of the world. The conception of Clark Kerr, by contrast, is that the university is part and parcel of this particular stage in the history of American society ; it stands to serve the need of American industry ; it is a factory that turns out a certain product needed by industry or government. Because speech does often have consequences which might alter this perversion of higher education, the university must put itself in a position of censorship. It can permit two kinds of speech : speech which encourages continuation of the status quo, and speech which advocates changes in it so radical as to be irrelevant in the foreseeable future. Someone may advocate radical change in all aspects of American society, and this I am sure he can do with impunity. But if someone advocates sit-ins to bring about changes in discriminatory hiring practices, this can not be permitted because it goes against the status quo of which the university is a part. And that is how the fight began here. [...]

Many students here at the university, many people in society, are wandering aimlessly about. Strangers in their own lives, there is no place for them. They are people who have not learned to compromise, who for example have come to the university to learn to question, to grow, to learn—all the standard things that sound like clichés because no one takes them seriously. And they find at one point or other that for them to become part of society, to become lawyers, ministers, businessmen, people in government, that very often they must compromise those principles which were most dear to them. They must suppress the most creative impulses that they have ; this is a prior condition for being part of the system. The university is well structured, well tooled, to turn out people with all the sharp edges worn off, the well-rounded person.

Source : Mario Savio, « The End of History », *Humanity*, décembre 1964.

2 LET US MARCH ON WASHINGTON

La force, et la faiblesse du Movement *fut d'être inorganisé. De petits groupes, certains permanents et nationaux comme le SDS, servaient d'animateurs ; des centaines de journaux* underground *(comme la* Los Angeles Free Press *ou le* East Village Other *de New York), et leurs agences (comme le* Liberation News Service*), assuraient la liaison : les grands médias et le bouche-à-oreille faisaient le reste. En réaction à un événement ou à une suggestion, de vastes manifestations se produisaient. La masse sans cesse renouvelée des étudiants était sensibilisée à toutes les causes progressistes : en 1968 un souci anti-raciste déclencha la prise de Columbia University, la plus spectaculaire parmi 3 000 manifestations de campus cette année-là. Mais la guerre en Indochine et le « complexe industrialo-militaire » furent et demeurèrent l'objectif premier de la plus vaste campagne de protestation du 20ᵉ siècle, qui décolla en 1965 avec des* teach-ins, *défilés, incinération de livrets militaires, suicides par le feu. C'est l'opposition à la guerre qui réunissait le plus nombreux public, comme dans la capitale en novembre 1969 quand 250 000 personnes défilèrent, un record historique ; ou en mai 1971, encore à Washington, quand 12 000 arrestations furent opérées. Ces manifestations de masse séduisaient la télévision qui en centuplait l'impact.*

In the name of freedom, America is mutilating Vietnam. In the name of peace, America turns that fertile country into a wasteland. And in the name of democracy, America is burying its own dreams and suffocating its own potential.

Americans who can understand why the Negroes of Watts can rebel should understand too why Vietnamese can rebel.

And those who know the American South and the grinding poverty of our Northern cities should understand that our real problems lie not in Vietnam but at home — that the fight we seek is not with Communism but with the social desperation that makes good men violent, both here and abroad.

The War Must Be Stopped

Our aim in Vietnam is the same as our aim in the United States : that oligarchic rule and privileged power be replaced by popular democracy where the people make the decisions which affect their lives and share in the abundance and opportunity that modern technology makes possible. This is the only solution for Vietnam in which Americans can find honor and take pride. Perhaps the war has already so embittered and devastated the Vietnamese that that will require years of rebuilding. But the war cannot achieve it, nor can American military presence, nor our support of repressive unrepresentative governments.

The war must be stopped. There must be an immediate cease fire and demobilization in South Vietnam. There must be a withdrawal of American troops. Political amnesty must be guaranteed. All agreements must be ratified by the partisans of the « other side » — the National Liberation Front and North Vietnam.

We must not deceive ourselves : a negotiated agreement cannot ***guarantee democracy.*** Only the Vietnamese have the right of nationhood to make their government democratic or not, free or not, neutral or not. It is not America's role to deny them the chance to be what they will make of themselves. ***That chance grows more remote with very American bomb that explodes in a Vietnamese village.***

But our hopes extend not only to Vietnam. Our chance is the first in a generation to organize the powerless and the voiceless at home to confront America with its racial injustice, its apathy, and its poverty, and with that same vision we dream for Vietnam : a vision of a society in which all can control their own destinies.

We are convinced that the only way to stop this and future wars is to organize a domestic social movement which challenges the very legitimacy of our foreign policy ; this movement must also fight to end racism, to end the paternalism of our welfare system, to guarantee decent incomes for all, and to supplant the authoritarian control of our universities with a community of scholars.

This movement showed its potential when 25,000 people — students, the poverty-stricken, ministers, faculty, unionists, and others — marched on Washington last April. This movement must now show its force. SDS urges everyone who believes that our warmaking must be ended and our democracy-building must begin, ***to join in a March on Washington on November 27, at 11 A.M. in front of the White House.***

Source : Tract du SDS distribué le 27 novembre 1965.

3 FIXIN' TO DIE RAG

*Selon le yippie Jerry Rubin (*Do It !, *1970), à la source de l'explosion des* Sixties *se trouvaient Elvis Presley et le rock des* Fifties. *La musique était devenue centrale dans la culture des jeunes grâce au microsillon (1948), au transistor et à la multiplication des stations de radio (plus 400 % entre 1945 et 1960). Pendant l'été 1964, la première tournée des Beatles aux États-Unis fit sensation. Jusqu'au début des années 70, il se produisit une floraison de talents en tous genres, noirs et blancs, individuels (Chubby Checker, Otis Redding, Janis Joplin, Simon & Garfunkel etc.) ou collectifs (The Beach Boys, The Temptations, The Jefferson Airplane, The Grateful Dead, etc.). Outre les influences britanniques, il se mêlait des traditions multiples dans la musique populaire du temps : cantiques protestants, chansons folkloriques,* blues, *etc. Certains interprètes étaient des mercantis. La majorité des artistes participaient à la définition de la contre-culture et dénonçaient une société américaine conformiste et répressive. Bon nombre mirent leur musique et leur renommée au service des grandes causes du moment selon une tradition américaine qu'avaient illustrée Joe Hill, Woody Guthrie et Pete Seeger, mais qui n'avait pas jusqu'alors eu accès aux médias. Dès 1963 Joan Baez et surtout Bob Dylan rendaient célèbres des chansons de contestation, comme* Blowin' in the Wind.

Well come on all of you big strong men
Uncle Sam needs your help again,
He's got himself in a terrible jam,
Way down yonder in Vietnam,
So put down your books and pick up a gun,
We're gonna have a whole lot a fun.

Chorus

And it's one, two, three, what are we fighting for,
Don't ask me I don't give a damn,
Next stop is Vietnam.
And it's five, six, seven, open up the pearly gates.
Well, there ain't no time to wonder why,
Whoopee — We're all gonna die.

Come on Wall Street don't be slow.
Why, Man, this is war a-Go-Go.
There's plenty good money to be made
By supplyin' the Army with the tools of their trade
But just hope and pray that if they drop the bomb,
They drop it on the Viet Cong.

(Chorus)

Come on Generals, let's move fast ;
Your big chance has come at last.
Now you can go out and get those Reds--
Cause the only good Commie is one that's dead.
And you know that peace can only be won,
When we've blown 'em all to kingdom come.

(Chorus)

Come on Mothers throughout the land,
Pack your boys off to Vietnam.
Come on Fathers, don't hesitate,
Send your sons off before it's too late.
And you can be the first ones on your block
To have your boy come home in a box.

(Chorus)

Source : Joe MacDonald, du groupe « Country Joe and the Fish », 1967.

4 JESTERS TO STORM CHICAGO

Les Sixties *furent aussi une décennie du rire, avec des classiques de la télévision comme* The Beverly Hillbillies *ou* Rowan & Martin's Laugh-In. *Au sein du mouvement étudiant, le* Youth International Party *(YIP), mené par Abbie Hoffman et Jerry Rubin, semblait viser la révolution par le ridicule : à la convention démocrate de Chicago, les hippies désignèrent un cochon comme candidat à la Maison blanche. Ils étaient non seulement drôles mais experts à attirer les médias. En partie grâce à eux le* Movement *ne fut pas pris tout à fait au sérieux — et ils compensèrent la chute finale du SDS dans le dogmatisme et la violence (le terrorisme des* Weathermen*).*

C'est à Chicago, où ils tenaient leur convention d'investiture, que les Démocrates perdirent l'élection (de façon très serrée) de 1968. Il se produisit une émeute policière. Les hommes du maire Daley se ruèrent contre des milliers de radicals *qui avaient afflué dans la ville — sous les yeux des journalistes qui se trouvèrent matraqués tout particulièrement. Ce triste spectacle (approuvé par une majorité d'Américains) fut suivi d'un autre, le grotesque procès (1969) des* Chicago 7, *dont Hoffman et Rubin, accusés d'avoir organisé les événements. Cela dit, il faut reconnaître que la répression du* Movement *fut douce au regard de celle qu'avaient subie les radicaux des temps anciens.*

1. Poetry readings, mass meditation, flycasting exhibitions, demagogic yippie political arousal speeches, rock music, and song concerts will be held on a precise timetable throughout the week August 25-30.

2. A dawn ass-washing ceremony with 10's of 1000's participating will occur each morning at 5 :00 AM as yippie revellers and protesters prepare for the 7 :00 AM volleyball tournaments.

3. Several hundred Yippie friends with press passes will gorge themselves on 800 pounds of cocktail onions and puke in unisson at the nomination of Hubert H. Pastry.

4. Psychedelic long haired mutant-jissomed (1) peace leftists will consort with known dope fiends, spilling out onto the sidewalks in porn-ape disarray each afternoon.

5. The Chicago offices of the National Biscuit Company will be hijacked on principle to provide bread & cookies for 50,000 as a gesture of goodwill to the youth of America.

6. Universal Syrup Day will be held on Wesnesday when a movie will be shown at Soldiers Field in which Hubert Humphrey confesses to Allen Ginsberg of his secret approval of anal intercourse.

7. Filth will be worshipped.

8. The Yippie Ecological Conference will spew out an angry report denouncing scheiss-poison in the lakes and streams, industrial honky-fumes from white killer industrialists, and exhaust murder from a sick hamburger society of automobile freaks ; with precise total assault solutions to these problems.

9. There will be public fornication whenever and wherever there is an aroused appendage and willing aperture.

10. Poets will re-write the bill of rights in precise language, detailing ten thousand areas of freedom in OUR OWN LANGUAGE, to replace the confusing and vague rhetoric of 200 years ago.

11. Reporters and media representatives will be provided free use of dope and consciousness altering thrill-chemicals for their education and re-freshment.

12. Pissed off hordes of surly draft eligible poets will somehow confront conventioneers with 16 tons of donated fish eyes.

a. Don't accept shit as a form of communication from any public official, pig, service employee or anybody. Demand respect from the stodgy porcupines that control the Blob Culture.

b. Share your food, your money, your bodies, your energy, your ideas, your blood, your defenses. Attempt peace.

c. Plan ahead of time how you probably respond to various degrees of provocations, hate & creep-vectors from the opposition. Know carefully your responses.

d. Learn the Internationale.

e. Bring sleeping bags, extra food, blankets, bottles of fireflies, cold cream, lots of handkerchiefs and canteens to deal with pig-spray, love beads, electric toothbrushes, see-thru blouses, manifestoes, magazines, tenacity.

---

(1) jissom = sperme.

Source : Ed Sanders, « Predictions for Yippie Activities », *The Berkeley Barb*, 2 août 1968.

5 *WOODSTOCK*

Quoi que la contre-culture ait produit avant et depuis, Woodstock la symbolise le mieux. Il est frappant que ce festival ait eu lieu dans le burnt-over district, *une région enflammée au début du 19ᵉ siècle par des réveils religieux successifs : les pionniers éparpillés se réunissaient alors en* camp meetings *de plusieurs jours pour prier, chanter des hymnes, écouter des sermons et converser. Le mouvement des* Sixties *fut traditionnel tant par ses indignations morales que par ses aspirations quasi religieuses. Même chez qui ne donnait pas dans le romantisme, Woodstock, diffusé par le disque et le film, provoqua une prise de conscience. La culture* underground *devenait culture de masse. Le premier des* pop festivals *s'était déroulé à Monterey (Calif.) en 1967. Bien des festivals devaient suivre, mais ils ne sortirent que brièvement de l'obscurité — même celui des Rolling Stones à Altamont (Calif.), en décembre 1969, où les* Hell's Angels, *des motards utilisés pour le service d'ordre, tuèrent un assistant. Là se révélait la face laide des* Sixties, *leur côté factice, morbide, esbroufeur, rapace. Woodstock avait montré à l'Amérique moyenne une jeunesse étonnante : non pas dissolue, droguée, hargneuse, subversive mais décontractée, chaleureuse, indépendante et solidaire. Et riche : en 1968, les 18-24 ans (23 millions de jeunes dont 8 faisaient ou venaient de faire des études supérieures) dépensèrent $40 milliards, un marché énorme.*

By a conservative estimate, more than 400,000 people — the vast majority of them between the ages of 16 and 30 — showed up for the Woodstock festival. Thousands more would have come if police had not blocked off access roads, which had become ribbonlike parking lots choked with stalled cars. Had the festival lasted much longer, as many as one million youths might have made the pilgrimage to Bethel. The lure of the festival was an all-star cast of top rock artists, including Janis Joplin, Jimi Hendrix and the Jefferson Airplane. But the good vibrations of good groups turned out to be the least of it. What the youth of America — and their observing elders — saw at Bethel was the potential power of a generation that in countless disturbing ways has rejected the traditional values and goals of the U.S. Thousands of young people, who had previously thought of themselves as part of an isolated minority, experienced the euphoric sense of discovering that they are, as the saying goes, what's happening. Adults were made more aware than ever before that the children of the welfare state and the atom bomb do indeed march to the beat of a different drummer, as well as to the tune of an electric guitarist. The spontaneous community of youth that was created at Bethel was the stuff of which legends are made ; the substance of the event contains both a revelation and a sobering lesson. [...]

To many adults, the festival was a squalid freakout, a monstrous Dionysian revel, where a mob of crazies gathered to drop acid and groove to hours of amplified cacophony. [...] There were, of course, certain things to deplore about Bethel. Three people died — one from an overdose of drugs, and hundreds of youths were freaked out on bad trips caused by low-grade LSD, which was being openly peddled at $6 per capsule. On the other hand, there were no rapes, no assaults, no robberies and, as far as anyone can recall, not one single fight, which is more than can be said for most sporting events held in New York City.

The real signifiance of Woodstock can hardly be overestimated. Despite the piles of litter and garbage, the hopelessly inadequate sanitation, the lack of food and the two nights of rain that turned Yasgur's farm into a sea of mud, the young people found it all « beautiful. » [...]

Bethel demonstrated the unique sense of community that seems to exist among the young, their mystical feeling for themselves as a special group, an « us » in contrast to a « them. » The festival was widely advertised, but the unexpectedly large crowd it attracted suggests that the potential significance of the event was spread by a kind of underground network. « If you were part of this culture, » said one pilgrim back from Bethel, « you had to be there. » In spite of the grownup suspicions and fears about the event, Bethel produced a feeling of friendship, camaraderie and — an overused phrase — a sense of love among those present. This yearning for togetherness was demonstrated in countless major and minor ways : the agape-like sharing of food and shelter by total strangers ; the lack of overt hostility despite conditions that were ripe for panic and chaos ; the altruistic ministrations of the Hog Farm, a New Mexico hippie commune who took care of kids on bad trips. [...]

Youth's sense of community is an *ad hoc* thing ; it is suspicious of institutions and wary of organization, prizing freedom above system. In this, as in many other ways, the youth of Bethel displayed adherence to the prevailing spirit of the hippie movement. Most of those at Bethel were not hippies in the commonly accepted sense : a good half of them, at least, were high school or college students from middle-class homes. But at Bethel they exhibited to the world many of the hippie values and life styles, from psychedelic clothing to spontaneous, unashamed nudity to open and casual sex. Youthful imaginations were captured, most obviously, by the hippie sound : the driving, deafening hard beat of rock, music that is not just a particular form of pop but the anthem of revolution. [...]

In its energy, its lyrics, its advocacy of frustated joys, rock is one long symphony of protest. Although many adults generally find it hard to believe, the revolution it preaches, implicity or explicity, is basically moral ; it is the proclamation of a new set of values as much as it is the rejection of an old system. The values, moreover, are not merely confined to the pleasures of tumescence. The same kind of people who basked in the spirit of Bethel also stormed the deans' offices at Harvard and Columbia and shed tears or blood at Chicago last summer — all in the name of a new morality.

Source : « The Message of History's Biggest Happening », Time Essay, *Time*, 31 août 1969.

6 CHECKLIST OF THE SIXTIES

Dans les années soixante, les baby boomers *arrivèrent à l'adolescence, munis d'éducation et d'argent, libérés de bien des interdits et des angoisses par la science et l'urbanisation. Certes, les* flower children, *comme les gauchistes du SDS, furent peu nombreux. Rares, en revanche, furent les moins de 30 ans qui se tinrent totalement à l'écart de la contestation et de la contre-culture — même les* blue collars, *par exemple, qui ne laissèrent pousser leurs cheveux que dans les années 70. Les jeunes des* Sixties *formèrent une classe à part comme les* Fifties *et les* Seventies *n'en ont pas connu : elle avait ses vêtements, ses rites, ses modes d'action, ses rites, ses idoles, etc. — si divers, pour beaucoup si originaux, qu'une liste peut le mieux en faire un tableau pointilliste.*

In the 60's, did you...	**YES**
March for civil rights	43 %
Go to Chicago in '68	9
Join SDS	15
Consider yourself a Yippie	16
Carry a picket sign	49
Work in in a political campaign	51
Get tear-gassed	36
Attend a teach-in	42
Support the Viet Cong	28
Boycott lettuce and grapes	61
Campaign for Eugene McCarthy	36
Join the Peace Corps	2
Hand out political leaflets	54
Sign petitions	89
Sit-in for integration	20
Work in Southern voter registration drive	3
Make a speech	34

Put up political posters	51
Go on a Freedom Ride	5
Run the mimeograph machine in Movement offices	20
Perform street theater	17
Raise money for the cause	32
Choose a line of work for political reasons	19
Travel over 100 miles to attend a demonstration	35
Go to jail	22
Get arrested	28
Get beaten by cops	16
Run for elective office	8
Give money to black activist groups	30
Give money to antiwar groups	55
Demonstrate against the war	74
Demonstrate for minority rights	49
Demonstrate for women's rights	30
Boycott school classes	50
Harbor a fugitive	24
Do organizing in disadvantaged neighborhoods	19
Withhold taxes for political reasons	17
Go to Haight-Ashbury during the Summer of Love	16
Wear love beads	59
Play in a rock band	16
Play the guitar	33
Hitchhike	73
Go to Woodstock	17
Go to Altamont	5
Paint your car with bizarre designs	12
Get married	20
Get divorced	6
Have a child or children	10
Call cops « pigs »	73
Go from being a hawk to being a dove	45
(Men) Wear a Nehru jacket	14
Get regular physical exercise	57
Join ROTC	5
Go to a be-in	58
Stay at a crashpad	59
Live in a commune	30
(Gays) « Come out of the closet »	5
Go on a macrobiotic diet	17

Consider yourself a hippie	62
Have a bad acid trip	33
Have a wonderful acid trip	54
Do the Twist	84
Listen to Tom Lehrer (1)	41
Own a waterbed	17
Give the « peace sign » to complete strangers	81
Deal dope	42
Think Paul was dead (2)	29
Quote Bob Dylan's songs	69
Turn on, tune in, drop out	48
Believe in flower power	64
Wear outrageous clothes	62
(Men) Grow your hair real long	42
(Men) Grow a mustache and/or beard	40
Let it all hang out	56
Stop using deodorant	37
(Women) Stop using make-up	27
(Women) Stop shaving your legs	18
(Women) Iron your hair	14
Read underground newspapers	87
Refer to women as « chicks »	61
Refer to blacks as « spades »	38
Refer to men as « cats » or « dudes »	58
Bum around the U.S.	40
Bum around foreign countries	22
Think last names were bullshit	25
Panhandle for « spare change »	23
(Women) Wear a mini-skirt	40
Have a favorite Beatle	62
Try to shed middle-class values	79
Despise everything about the « counter-culture »	8
Do a lot of silly things that you now feel embarrassed about	27

Source : Rex Weiner & Deanne Stillman, *Woodstock Census : The Nationwide Survey of the Sixties Generation*, New York : Viking, 1979.

(1) A comedian. (2) The Beatle Paul McCartney was rumored to be dead.

7 WOMEN'S LIB

Le mouvement féministe débuta à Seneca Falls en 1948 par une Déclaration d'indépendance calquée sur celle de 1776. Après avoir participé à la croisade contre l'esclavage et tout en menant leur propre combat contre l'alcool, les femmes luttèrent pour leurs droits civiques. À l'issue de l'ère progressiste, en 1920, elles gagnèrent le droit de vote. Dans le jazz age *des années 20, bien des tabous tombèrent. Pendant la Seconde Guerre mondiale, on les rechercha pour tous les emplois, même dans l'industrie. Mais lors de la démobilisation, elles furent renvoyées au foyer. Isolées dans leurs banlieues, elles firent des enfants, d'où le* baby boom. *Mais leur insatisfaction fut bientôt rallumée par la révolte des Noirs et surtout par celle des étudiants — tandis que la pilule accroissait leur indépendance. Déclenchée à la fin des* Sixties, *l'action de groupes féministes comme NOW (National Organization for Women, 1966] connut de grands succès, tel le vote par le Congrès en 1972 de l'amendement constitutionnel sur l'égalité des droits (ERA), mais ils ne purent convaincre les trois quarts (38) des États de l'endosser. Malgré cela, des livres (comme* Feminine Mystique *de Betty Friedan, 1963), manifestations, périodiques, procès ont rendu le sexisme aussi répugnant que le racisme. Les femmes (51,3 % de la population en 1970) ont de plus en plus occupé des emplois (35 % en 1960 ; 44 % en 1973) et ont progressé rapidement dans l'enseignement, les affaires et la politique. En 1970, Nixon nomma deux femmes au grade de général dans l'armée.*

When the Nineteenth Amendment became part of the Constitution on August 26, 1920, the nation thought it had washed its hands of « this woman business. » Almost fifty years later the granddaughters of those suffragettes are declaring that the business is unfinished. Consciousness that women are still second-class citizens has been growing at least since President Kennedy established the Commission on the Status of Women in 1961. [...]

Data from the Department of Labor outline the present situation : One-third of all women work and one-third of all workers are women, but women are disproportionately concentrated in the underpaid and menial jobs. As a result, the median income of white women employed full time is lower than that of Negro men employed full time. Needless to say, the median income of black women, discriminated against for both race and sex, is lower still. This situation prevails although the median education of both groups of women is higher than that of their male counterparts. Their unemployment rate is also higher.

Even within the same occupations, the median income of women employees runs 50 to 60 per cent that of men. Only twenty-five states have laws that dictate equal pay for equal work, and these are not vigorously enforced. Lower pay for women is justified by the general belief that theirs is a luxury income, which supplements that of their husbands. Yet 35 per cent of all women of marriageable age are not married, and Department of Labor studies show that, married or not, most women who work do so from economic necessity. In fact, more than one-fifth of the 65 million women in this country, aged 16 and over, live in poverty. Ten per cent of the nation's families are headed by a woman, but 40 per cent of the families classified as poor have female heads. [...]

According to Mary Keyserling, former director of the Women's Bureau, « occupationally, women are relatively more disadvantaged today than they were twenty-five years ago. In 1940 they held 45 per cent of all professional and technical position. Currently they hold only 37 per cent.

For fifteen to twenty years after women were given the vote their participation in every field expanded rapidly. Then, in the late thirties and forties the reaction set in and the era of the « feminine mystique » began. This course parallels the experience of the black man after the passage of the Thirteenth and Fourteenth Amendments : Negroes enjoyed a wide expansion of opportunities during Reconstruction ; then the imposition of Jim Crow laws created a new form of slavery.

And like the Negro, women have once again begun to revolt. Two major feminist organizations have formed within the last two and a half years. In 1966, the National Organization for Women (NOW) was created under the slogan, « full equality for women in truly equal partnership with men. » It is a top-down structure with an office in Washington. Its some 2,500 members are primarily career women, women whose families are grown and no longer occupy most of their time, and some sympathetic men.

The second feminist group is not exactly an organization, but a loose confederation of about seventy-five « sister chapters » spread across most of the United States and Canada. It has no national structure but does mail a newsletter from Chicago. The groups attract primarily young, white, college-educated, middle-class women. [...] These feminists call themselves « radical women » and call the new surge of feminism the « women's liberation movement, » (For brevity, I shall refer to the groups as the Women's Liberation Front (WLF.).

According to the WLF, liberation goes far beyond gaining more rights. It is dedicated to a total restructuring of society, much as is the New Left. It is adamant that any new society must destroy the social definition of women as sex objects whose major functicn is the care and maintenance of men and their children.

The WLF bars men from membership and meetings, and in general ignores them. Like the Black Power movement, from which it draws many ideas, it feels that women must run their own show. With a few extreme exceptions, the women are not separatists, but they do see men as agents of an exploitative society and feel that women must organize for their own liberation. [...]

The WLF has grown rapidly by taking advantage of the infrastructure that has been built up by the civil rights and student movements, the underground press and the free universities. To date it has been largely underground, but in the last few months has begun to emerge into sight. Radical women have joined with NOW members to boycott the Colgate-Palmolive company for its discriminatory employment practices ; they picketed *The New York Times* until it « desexigated » its want ads. The WLF disrupted the Miss America contest in Atlantic City, demonstrated at a tea given by Mrs. Nixon before the inauguration, and has given headaches to almost all New Left organizations by refusing to continue to do the bulk of their flunky work. It was also one of the sponsors of the three-day First National Conference on Abortion Laws which began in Chicago on Valentine's Day. [...]

NOW has been devoting its energies, meanwhile, to several court cases and the Equal Employment Opportunities Commission. Set up to handle complaints of race discrimination, the EEOC was totally unprepared to deal with the flood of complaints of sex discrimination that ensued after Title VII of the 1964 Civil Rights Act was passed. « Sex » was put into the bill as a joke by octogenarian. Rep. Howard W. Smith of Virginia, and since then that little word has gone on to plague the agency. [...]

After several years of pressure by NOW and other groups, the EEOC decided the women were serious and even entitled to some of the same rights which the law gave to Negroes.

Source : Jo Freeman, « The New Feminists », *The Nation*, 24 février 1969.

JOINT RESOLUTION

Resolved by the Senate and House of Representatives of the United States of America in Congress assembled (two-thirds of each House concurring therein), That the following article is proposed as an amendment to the Constitution of the United States, which shall be valid to all intents and purposes as part of the Constitution when ratified by the legislatures of three-fourths of the several States within seven years from the date of its submission by the Congress :

« ARTICLE —

« Section 1. Equality of rights under the law shall not be denied or abridged by the United States or by any State on account of sex.

Sec. 2. The Congress shall have the power to enforce, by appropriate legislation, the provisions of this article.

Sec. 3. This amendment shall take effect two years after the date of ratification. »

8 RAISING THE ECOLOGICAL STANDARD

Après la Guerre de Sécession était né le souci de préserver les ressources naturelles contre l'exploitation débridée — et avec lui étaient nés des organismes comme le Sierra Club. Theodore Roosevelt eut le premier une politique de conservation, *ajoutant, par exemple, 17 millions d'hectares aux « forêts nationales ». Mais il fallut attendre Rachel Carson, et surtout qu'elle soit relayée par le Movement, pour que l'opinion publique s'éveille à la pollution de l'eau, de l'air, de la terre et des paysages — pollution chimique, mais aussi sonore, thermique et même nucléaire.* Silent Spring *dénonçait les insecticides : 40 États en réglementèrent l'emploi. En 1964-65, Johnson fit passer les* Clean Air Act, Clean Water Act, Highway Beautification Act, *etc. Dans une nation polarisée, l'écologie avait l'avantage d'unir tout le monde, des réactionnaires aux gauchistes, dans la défense d'*America the Beautiful *et de la santé de chacun. Mais l'*environmentalism *dut attendre que les autres campagnes s'atténuent. En 1969 fut voté le* National Environmental Policy Act. *C'est du premier* Earth Day, *le 22 avril 1970, célèbre pour ses 20 millions de participants, que date l'essor du mouvement. Le Président et le Congrès allaient devoir forcer l'industrie à prendre en compte ses déchets et ses dégâts. On estimait qu'il en coûterait $71 milliards en 5 ans.*

THE problem that this series of articles has attempted to make clear is that our world has been widely contaminated with the substances used in the control of insect — chemicals that have already invaded the water on which all living things depend, have entered into the soil, and have spread a toxic film over vegetation. The new chemicals do not single out the one species of which we desire to be rid. Each of them is used for the simple reason that it is a deadly poison. It therefore poisons all life with which it comes in contact — the cat beloved of a family, the farmer's cattle, the rabbit in the field, and the horned lark in the sky. These creatures are innocent of any harm to man. Indeed, by their very existence they make his life more pleasant. Yet he rewards them with a death that is sudden and horrible. The bird life of whole regions has already been almost wiped out, the fish of rivers and lakes have been destroyed, and lingering poisons have become lodged in the bodies of creatures ranging from the earth-worms of the soil to the wild game of the forest. As for man himself, there is no reason to believe he is immune to the poisons that have already brought death to so many of these creatures with which he shares the earth. Where the effects on man are already known, they are found to be destructive. Beyond these known effects is the even more frightening prospect of damage that cannot be detected for years and of possible genetic effects that cannot be known for generations. And it is ironic that in inflicting so much damage and incurring such risks we have destroyed many of the defenses in nature that are our true protection against the excessive multiplication of any species of insect, while even as we have done so, the insects that most seriously threaten our welfare have developed resistance to the chemicals used against them, raising the threat that we may lose control over insect-borne disease.

My contention is not that moderate chemical controls should never be used under any circumstances but, rather, that we must reduce their use to a minimum and must as rapidly as possible develop and strengthen biological controls. I contend that we have put poisonous and biologically potent cheminals indiscriminately into the hands of persons who are largely or wholly ignorant of the harm they can do. There is still a very limited awareness of the nature of the threat. This is an era of specialists, each of whom sees his own problem and is unaware of or indifferent to the larger frame into which it fits. It is also an era dominated by industry, in which the right to make money, at whatever cost to others, is seldom challenged. We shall have no relief from this poisoning of the environment until our officials have the courage and integrity to declare that the public welfare is more important than dollars, and to enforce this point of view in the face of all pressures and all protests, even from the public itself. On those occasions when the public, confronted with some obvious evidence of the damaging results of pesticide application, has ventured to question the use of poisonous chemicals, it has been fed little tranquillizing pills of half truth. We urgently need to put an end to these false assurances. It is the public that is being asked to assume the risks that the insect controllers calculate. The public must decide whether it wishes to continue on the preset road, and it can do so only when it is in full possession of the facts. In the words of the French biologist Jean Rostand, « The obligation to endure gives us the right to know. »

Source : Rachel Carson, « Silent Spring », *The New Yorker*, 30 juin 1962.

9 GM APOLOGIZES TO NADER

Dans les années 60, grâce au réseau grandissant d'autoroutes fédérales, les Américains étaient plus que jamais passionnés de voiture. Nader, preux et puritain champion des consommateurs, fut superbement inspiré en accusant la General Motors de vendre une automobile dangereuse, la Corvair. *Son livre à succès et sa victoire sur le titan de Detroit firent soudain de sa cause un mouvement dont il devint le guide. Au sein de la societé de consommation, l'usager avait plus que jamais besoin d'être défendu. Nader lança des commandos d'enquête, les jeunes* Nader Raiders, *dans des secteurs multiples. Ce consommérisme reçut le soutien de jeunes et de vieux, de riches et de pauvres, de conservateurs et de libéraux. Il n'était plus « anti-américain » de contester les produits et les services du* Big Business. *On s'organisa ; on devint actionnaire ; on manifesta ; on publia ; on poursuivit en justice et on gagna. C'est en vain qu'au départ les grosses sociétés, et les médias porteurs de leur publicité, usèrent du dédain, comme ils l'avaient toujours fait. Les législateurs écoutèrent. Des lois furent votées et des règles établies — contre les dangers du tabac, ou les mensonges publicitaires. La Federal Trade Commission (1914) se réveilla. Bientôt le consommateur américain fut l'un des mieux protégés au monde. Il devint banal que 100 000 voitures ou cafetières électriques soient rappelées pour vice de conception.*

General Motors president James M. Roche left the executive suite yesterday to apologize to auto industry critic Ralph Nader. Roche offered his apology twice — in statements at the start and at the end of a 6-hour Senate subcommittee hearing on an investigation, ordered by GM, that delved into Nader's personal life. [...]

Roche said he had been unaware of the investigation, which he agreed was « most unworthy ». But he took full responsibility for it. Subcommittee Chairman Abraham A. Ribicoff (D-Conn.) and two members, Sens. Robert F. Kennedy (D-NY.) and Fred R. Harris (D-Okla.) praised Roche for his « complete candor ». They praised Nader, author of « Unsafe At Any Speed », for his integrity and his dedication to the cause of auto safety. But there were angry, harsh words for GM's general counsel, Aloysius F. Power ; its assistant general counsel, Louis Bridenstein ; a third GM lawyer, Eileen Murphy, and the private eye who led the investigation, Vincent Gillen. [...]

Gillen told his investigators to find out what makes Nader tick — his politics, friends, marital status, drinking, dope, « his women, boys... ». Ribicoff told him that his « entire investigation had to do with smearing a man ». Harris, who also engaged in some fierce, relentless interrogation, suggested that certain information sought by Gillen could have but one use — blackmail. Gillen was the hired man — the last link in a chain. Was he doing merely what GM wanted done, or did he go beyond that ?

The thrust of GM's testimony was that it had asked only for an investigation of Nader's possible relation to litigation involving the 1960-63 models of the Corvair. Nader considers these Corvairs « inordinately dangerous », testified that to catalogue all their defects « could approach a trespass on eternity », and said they should be investigated by Congress. As of last Nov. 1, GM was defending 106 suits in 23 states brought by persons who were injured or killed in Corvair accidents, or by their survivors. [...]

The investigation cost GM $6,700 — and Ribicoff said the money was wasted because it produced almost nothing about Nader and the Corvair. What it did produce was all kinds of personal data about Nader — including the information that his life was impeccable, and that no anti-Semitism could be imputed to him. The investigation also produced harassment for Nader and, he testified, for his family. For one week, he was tailed by two of Gillen's men. Nader said he was troubled that physical violence might lie ahead.

But without contradiction, all the witnesses denied that the GM-sponsored investigation had anything to do with reports that girls were employed as sex lures to Nader, that his phone was kept ringing with false statements and warnings, or that he was followed in Iowa and Pennsylvania. The indication was that if such events occurred, they were the results of an unrelated anti-Nader effort about which no one seemed to know anything. [...]

In other highlights of the hearing :

. In response to repeated questions about his motives, Nader said that GM executives « continue to be blinded by their own corporate mirror-image that it's the buck that moves the man. They simply cannot understand that the prevention of cruelty to humans can be a sufficient motivation... »

. Kennedy produced a December, 1964, leaflet from a GM Research Laboratory executive saying that now and in the immediate future, « safety per se... is not likely to be a major concern of our group ». Nader testified that the auto makers have enjoyed « a curious immunity » from congressional investigation of their products, although ship builders and plane makers have not.

Source : Morton Mintz, « GM's Head Apologizes to 'Harassed' Car Critic », *Washington Post*, 23 mars 1966.

Lectures complémentaires

Marie-Christine Grangeon, *L'Amérique et la contestation : les années 60 aux États-Unis*, Paris : Presses de la fondation des sciences politiques, 1985.

S.S. Wolin & J.H. Schaar, *The Berkeley Rebellion and Beyond*, New York : New York Review, 1970.

Theodore Roszak, *The Making of the Counter Culture*, New York : Doubleday, 1969.

Rolande Ballorain, *Le nouveau féminisme américain*, Paris : Denoël, 1972.

CHAPITRE VII
L'AMÉRIQUE MOYENNE

Dans les années 60, les minorités raciales et les jeunes 'radicaux' — et avec eux les *suburban liberals*, progressistes de banlieues aisées, se sont beaucoup fait entendre — à tel point qu'on en est venu à traiter de « majorité silencieuse » ceux qui n'étaient « ni jeunes, ni pauvres, ni de couleur », la ***Middle America.*** Elle se composait principalement de WASPs (et assimilés) des fermes et petites villes ; et d'*ethnics*, descendants des immigrants arrivés d'Irlande, puis d'Europe méridionale et centrale dans le demi-siècle précédant les restrictions de 1921-1924, et installés surtout dans les grandes villes du Nord. Et on peut leur ajouter les minorités à succès, comme les Japonais et les Cubains. Fermiers, commerçants, employés, fonctionnaires, ouvriers : ils constituaient le corps puissant de l'Amérique. Les membres de ces vastes classes moyennes différaient les uns des autres par le niveau d'éducation, la profession et le revenu, mais tous étaient attachés à l'Amérique d'antan car ils y avaient peiné et pensaient y avoir réussi ou en conservaient le rêve. Ils ne comprenaient pas que Noirs et hispaniques soient furibonds alors qu'ils étaient tant assistés financièrement, avec l'argent payé par eux les contribuables, eux qui n'avaient pas été aidés. Ils ne comprenaient pas que les privilégiés des campus s'insurgent contre une guerre anti-communiste, perturbent l'ordre public, s'adonnent à la drogue et surtout qu'ils vilipendent leur patrie, ses valeurs et le système économique et politique qui avait fait des États-Unis la première puissance du globe. Chez nombre d'entre eux, les élans populistes ont donc viré à droite, vers George Wallace. Et ils élirent Nixon par deux fois. Mais ils avaient fait un triomphe à LBJ en 1964. Ils n'étaient pas réactionnaires ou darwinistes. La plupart approuvaient l'égalité civique accordée aux Noirs, les secours donnés aux pauvres, aux vieux, aux handicapés — ainsi que la défense des consommateurs et de l'environnement.

La plupart des Américains moyens profitaient de la société de consommation. Ils firent alors le succès de la Mustang, des *shopping centers* (12 500 en 1969, dont 8 500 construits depuis 1960), des *vending machines*, de McDonald, du Pepsi et du Diet Pepsi, des poupées Barbie, des planches à roulettes et des frisbees. Ils entraient avec plaisir dans la civilisation des loisirs. La consommation hebdomadaire de télévision par foyer passa de 40 à 46 heures entre 1960 et 1970. Ils adoraient des émissions comme *Dr Kildare, Peyton Place, Bonanza, The Man from UNCLE, Mission Impossible et Star Trek*. Le sport, de participation et de spectacle, prit un essor extraordinaire. Le network ABC lança son *Wide World of Sports* en 1961. Le *Super Bowl* du « football » professionnel, inauguré en 1967 (et gagné en 1967 et 1968 par les mythiques Green Bay Packers de Vince Lombardi), devint un grand rite national. On vénérait les stars du sport, Joe Namath pour le « football » ou Cassius Clay/Muhammad Ali pour la boxe.

1 THE SILENT MAJORITY : QUIET DESPERATION

Qu'ils appartiennent aux ghettos ou aux campus, tous les contestataires l'ont maudite et ont recherché son appui — parce qu'elle était puissante, cette lower and middle middle class. *Mais la crainte ou le mépris que ces gens inspiraient — et leur prospérité dans les années 60, ont trop souvent fait oublier la détresse de beaucoup d'entre eux. Leurs moyens matériels étaient limités et mal assurés, eux qui étaient assez riches pour payer des impôts et pas assez pauvres pour percevoir une assistance. Le régime de libre entreprise qui permet l'aisance fournit peu de protection sociale : ces gens ne cessent de craindre pour leur acquis. Dans les années 60, ceux qui habitaient les petites villes les ont vu décliner et vu s'étioler leur mode de vie. Symboliquement, leur magazine disparut en 1969, le* Saturday Evening Post, *fameux pour ses couvertures où Norman Rockwell peignait des scènes de leur vie quotidienne. Ceux qui ne pouvaient pas quitter le centre des métropoles pour les banlieues enduraient d'abominables services publics, redoutaient la criminalité des ghettos voisins, appréhendaient que les avantages accordés aux Noirs en fassent des concurrents. Mal équipés pour un monde en transformation, ils ont eu le sentiment que leur Amérique était en danger, celle pour laquelle tant d'entre eux étaient morts pendant la guerre de 1941-1945, en Corée — et mouraient au Vietnam. Leur fureur, leur chagrin ont fait qu'on a parlé alors de dépression nerveuse nationale.*

Playboy : Mobilizing middle-class America would seem quite a departure for you after years of working with poverty-stricken black and white slum dwellers. Do you expect suburbia to prove fertile ground for your organizational talents ?

Alinsky : Yes, and it's shaping up as the most challenging fight of my career — and certainly the one with the highest stakes. Remember, people are people whether they're living in ghettos, reservations or barrios, and the suburbs are just another kind of reservation — a gilded ghetto. One thing I've come to realize is that any positive action for radical social change will have to be focused on the white middle class, for the simple reason that this is where the real power lies. Today, three fourths of our population is middle class, either through actual earning power or through value identification. Take the lower-lower middle class, the blue-collar or hard-hat group ; there you've got over 70,000,000 people earning between $5,000 and $10,000 a year, people who don't consider themselves poor or lower class at all and who espouse the dominant middle class ethos even more fiercely than the rich do. For the first time in history, you have a country where the poor are in the minority.

Christ, even if we could manage to organize all the exploited low-income groups — all the blacks, *chicanos*, Puerto Ricans, poor whites — and then, through some kind of organizational miracle, weld them all together into a viable coalition, what would you have ? At the most optimistic estimate, 55,000,000 people by the end of this decade — but by then the total population will be over 225,000,000, of whom the overwhelming majority will be middle class. This is the so-called Silent Majority that our great Greek philosopher in Washington is trying to galvanize, and it's here that the die will be cast and this country's future decided for the next 50 years. Pragmatically, the only hope for genuine minority progress is to seek out allies within the majority and to organize that majority itself as part of a national movement for change. [...]

Playboy : The assumption behind the Administration's Silent Majority thesis is that most of the middle class is inherently conservative. How can even the most skillful organizational tactic unite them in support of your radical goals ?

Alinsky : Conservative ? That's a crock of crap. Right now they're nowhere. But they can and will go either of the two ways in the coming years — to a native American fascism or toward radical social change. Right now they're frozen, festering in apathy, leading what Thoreau called « lives of quiet desperation ». They're oppressed by taxation and inflation, poisoned by pollution, terrorized by urban crime, frightened by the new youth culture, baffled by the computerized world around them. They've worked all their lives to get their own little house in the suburbs, their color TV, their two cars, and now the good life seems to have turned to ashes in their mouths. Their personal lives are generally unfulfilling, their jobs unsatisfying, they've succumbed to tranquilizers and pep pills, they drown their anxieties in alcohol, they feel trapped in long-term endurance marriages or escape into guilt-ridden divorces. They're losing their kids and they're losing their dreams. They're alienated, depersonalized, without any feeling of participation in the political process, and they feel rejected and hopeless. [...]

They're the first to live in a total mass-media-oriented world, and every night when they turn on the TV and the news comes on, they see the almost unbelievable hypocrisy and deceit and often outright idiocy of our national leaders and the corruption and disintegration of all our institutions, from the police and courts, to the White House itself. Their society appears to be crumbling and they see themselves as no more than small failures within the larger failure. [...]

We'll start with specific issues — taxes, jobs, consumer problems, pollution — and from there move on to the larger issues : pollution in the Pentagon and the Congress and the board rooms of the megacorporations. Once you organize people, they'll keep advancing from issue to issue toward the ultimate objective : people power.

The middle class actually feels more defeated and lost today on a wide range of issues than the poor do. And this creates a situation that's supercharged with both opportunity and danger. There's a second revolution seething beneath the surface of middle-class America — the revolution of a bewildered, frightened and as-yet-inarticulate group of desperate people groping for alternatives — for hope. Their fears and their frustations over their impotence can turn into political paranoia and demonize them, driving them so the right, making them ripe for the plucking by some guy on horseback promising a return to the vanished verities of yesterday. The right would give them scapegoats for their misery — blacks, hippies, Communists. [...] We'll show the middle class their real enemies : the corporate power elite that runs and ruins the country. And when they swing their sights on that target, the shit will really hit the fan.

Source : « An Interview with Saul Alinsky » (*), *Playboy*, mars 1972.

(*) Well-known social activist and neighborhood organizer.

2 *BLUE COLLARS ON STRIKE*

Les États-Unis devaient à la fin des années 70 entrer dans l'ère post-industrielle. L'évolution vers une prédominance des activités de service était apparue bien avant. L'industrie a automatisé certaines de ses activités, en a exporté d'autres dans le Tiers monde ou les a abandonnées, d'où la rust belt *du Nord-Est. Les ouvriers de l'industrie (quelque 35 millions en 1970) sont pour une part des ruraux WASP déracinés ; et beaucoup sont des* ethnics *issus de l'immigration d'après la Guerre de Sécession. Ces derniers, de souche paysanne, catholique ou orthodoxe, sont eux aussi attachés aux valeurs traditionnelles. Dans les années 60, ils se sont tous sentis menacés dans leurs emplois, leurs quartiers urbains et leurs modes de vie ainsi que dans leurs opinions sur l'homme et le monde — menacés par la science, la technologie, l'évolution de l'économie mondiale, par la modification des mentalités, ainsi que par les avancées des Noirs. Ils ont vu décliner leurs institutions : famille, école paroissiale, « machines » politiques des métropoles — et syndicats (20 millions de membres seulement en 1970 sur 70 millions de salariés). Ce sont les « cols bleus » qui, par réaction contre le changement qu'incarnaient les étudiants, arboraient partout la bannière étoilée et montaient des contre-manifestations* pour *la guerre au Vietnam. Les ouvriers du bâtiment, les* hard hats, *en vinrent à symboliser le patriotisme et le conservatisme de la majorité silencieuse.*

During the 1960s, the blacks, the poor and the young spoke up and pushed forward. The blue collar workers, who sweated in the mines and factories, built the roads and drove the halftracks, seemed to accept stoically the role of providers and members of the Silent Majority. No longer. Today they are making themselves heard as they have not done since the turbulent 1930s. Their voices are loud, angry and aggressive. Blue collar power has become a mighty and unpredictable political force. While they are being hotly courted on all sides, blue collar workers are also being severely critized by traditional friends and opponents alike. Political liberals, who once considered workingmen their most reliable allies, now often see them — rather simplistically — as supporters of racism and repression. Black leaders condemn many unions for systematically excluding Negroes. Many other Americans think of labor as fat, lazy and arrogant. [...]

From this odd combinaison of public criticism and political courtship, blue collar workers are gaining a renewed sense of identity, of collective power and class that used to be called solidarity. It often takes a negative form, because workers are the Americans most affected by rapid social disruption and technological change — and least prepared for it. The workingman is angered and bewildered by what he sees happening in the nation. He believes in God and country — if not necessarily in equality for all and the right of dissent. He is convinced of the virtues of hard work, the necessity of saving and a steady, ordered way of life. He is proud of paying his own way and standing on his own feet. He is respectful toward authority but not subservient. Now he finds his values challenged on every side.

Often lacking the education to seek better jobs or the money to flee to suburbia, blue collar workers live with nagging fears of muggings, of illness or layoffs at work, and of automation. One-quarter are concerned about their safety ; 14,000 were killed in on-the-job accidents last year, more than the number of U.S. servicemen who died in Viet Nam in 1969. Fully 28 % have no medical coverage, 38 % no life insurance and 39 % no pension beyond Social Security. [...] Over the last decade, according to the Labor Department, the financial needs of a family with growing children have risen by 61 %. In the same years, the average earnings of skilled workers have increased only 41 %, compared with 64 % for blacks as a group and 61 % for executives.

Blue collar anger has burst out this year in the worst epidemic of strikes since just after World War II, and in the form of hardhat riots in New York City, St. Louis and elsewhere. [...]

The main ingredients of blue collar anger have combined and erupted in the crucible of Detroit. Determined to catch up with inflation, 400,000 G.M. workers are on strike. They demand that their hourly wages, which now average $4.05, be raised by 61.5 cent, They are also in revolt against the numbing prospect of spending all their years until old age on the assembly lines. The central issue is a demand for « 30 and out » : retirement at any age after 30 years of service, on a pension of $500 a month. The walkout is costing the economy $1 billion a week.

Blue collar workers are more militant today largely because their aspirations have been raised while their real income remains static. [...] Blue collar workers are profoundly influenced by what Leonard Woodcock, president of the United Auto Workers, call « the second life that everyone leads through TV. » The worker and his wife constantly see advertised on television the products that he makes, but they often find it hard to buy them. TV programs also portray an alien world. « In the land of the media, whether it is movies, magazines or TV, » complains Floyd Smith, president of the International Association of Machinists, « Daddy always goes to the office, not to the factory. »

All blue collar workers, skilled or not, have been denigrated so badly, so harshly, that their jobs have become a last resort instead of decent, respected careers. [...] Money alone will not do it. The young workers are revolting against the job itself, or at least the way it is organized. [...]

Companies that neglect to consider the blue collar workers' worries and dissatisfaction pay a hidden price in low production, goofing off, absenteeism, high job turnover and union grievances.

Source : « The Blue Collar Worker's Lowdown Blues », *Time*, 9 novembre 1970.

3 SMALL FARMERS SQUEEZED OUT

*L'agriculture des États-Unis est célèbre pour son extraordinaire productivité, en particulier grâce à la « révolution verte » des années 60. Mais les agriculteurs y sont de moins en moins nombreux : 7,4 % de la population en 1960 et 3,7 % en 1973. Héritiers des pionniers, les petits fermiers avaient colonisé les terres vierges d'un océan à l'autre, et façonné la démocratie américaine. « Agrariens » sous Jefferson, devenus « populistes » à la fin du 19e siècle, ils avaient lutté contre l'exploitation des banques et des chemins de fer, fabricants de matériel. Mais de plus en plus ils étaient contraints d'abandonner ou de vendre leurs terres, souvent à l'*agribusiness *rapace, efficace et bien représenté à Washington. Le nombre des fermes a baissé d'un quart entre 1960 et 1970, leur taille moyenne augmenté d'un quart. On a peu entendu les petits fermiers dans les années 60, bien que leur sort fût peu enviable. Depuis les années 40, des millions d'entre eux avaient dû migrer vers les grandes villes. Même au niveau du mythe, pendant les* Sixties, *l'Amérique WASP des petites villes du Midwest et du Sud céda la place à l'Amérique pluraliste des mégapoles. Certes, une majorité d'Américains cherchait, en banlieue un souvenir de la vie rurale, mais parmi les séries télévisées les plus populaires, à partir de 1963, le western était remplacé par des comédies urbaines puis par des séries policières.*

There is a feeling of crisis in farm country. A swing through mid-America just before planting time finds the spirits of many farm folk failing to rise with the promise that traditionally arrives with spring.

Large, well-financed farms appear to be doing relatively well. Some, obviously, are prospering. But even operators of many good-sized farms say that economic survival is difficult. « Agriculture just doesn't seem to get the prices for its products that it needs to exist, » says Jack Vanier, a stockman at Brookville, Kans. « It's not only a lack of economic power but a lack of political power as well. »

Country bankers are looking at borrowing requests with a critical eye. [...] Farm mortgages are rarely foreclosed as in depression days. But the staccato cry of the auctioneer is heard up and down the country roads. [...] Hard-pressed farmers are selling out before the creditors close in.

The Government estimates the number of farms in 1971 at nearly 2.9 million, down more than a million from 1960. In the same period the average size of U.S. farms has climbed 31 percent and is now 389 acres.

While neighbors sell out, other farm families hold on, but say they don't know why. « A lot of us are broke, but just don't know it, » is the way a Nebraska stockman tells it. « Only the value of our land keeps net worth up. » Even that prop of the farm balance sheet has been showing discouraging signs of weakness. For years, farmland values had been rising steadily at about 5 per cent annually, as a nationwide average. In 1970, the increase fell off to 3 per cent. In some regions, values actually declined for the first time in memory of younger farmers.

While land prices are easing off, there is no slackening of the increase in taxes on farmland. In 1970, the U.S. Department of Agriculture reports, farm real estate and personal-property taxes went up by more than 8 per cent to about 3 billion dollars. The increase in such taxes over the past two years has been greater than the percentage gain in land values.

A complaint that you hear time and time again in rural areas is that too many young people are leaving the land. It is not uncommon for country bankers to provide 100 per cent financing for a young physician or lawyer who comes to town. But it doesn't work that way for young farmers.

Farm folk get bitter, too, when they are blamed for the high cost of living. Says a farm wife in Nebraska : « No matter how big a dip or drop in price of an agricultural commodity, the consumer very seldom feels it. However, when the farm price recovers and moves back up, the consumer price will start moving up at the same time. » [...]

Farmers despair of ever getting the upper hand in the cost-price squeeze. As they see it, inflation has turned into a raging fever. Bill House, a cattleman near Cedar Vale, Kans., suggests a comparison of prices farmers and ranchers got for catle in 1950 to what they get today. It is about the same — no increase in 20 years. « Now, » says Mr. House, « check the price of a tractor or a car and see who's boosting prices. It's not the farmer. »

Official figures show inflation's bite on agriculture. In 1970, gross cash receipts from farming in the U.S. hit a record of 52.4 billion dollars. But cash outlays for operating expenses went up faster, reaching a record 39.8 billion dollars. Result : Net cash farm income in 1970 totaled 12.6 billion dollars — down 400 million from 1969. [...]

Soundings in many areas turn up growing unease with the Nixon Administration. Much criticism is aimed at the proposal to abolish the Agriculture Department and divide its activities among four new agencies. « It's kind of discouraging, » says an Iowa farmer. « Maybe agriculture has been around so long that people forget how important it really is. » One study of election returns in several farm areas shows « massive shifts » in votes from Republican to Democratic candidates over a four-year period, 1966-1970. [...]

The Administration farm program, like those of the past, provides biggest benefits to the largest farms. In 1969, for example, 3.8 billion dollars was paid out by the Government to bolster farm income. Three fourths of the money went to one third of the nation's farmers who have the largest operations, as measured by gross sales.

The 1969 figures—latest available breakdown of how farms of various sizes fared—show that more than one third of net farm income went to 211,000 farms. The remaining income was divided among 2.8 million farms.

Source : « The Farm Crisis », *US News & World Report*, 12 avril 1971.

4 *VIOLENCE IN AMERICA : RFK MURDERED*

La violence dans les années 60 fut constante, dans la vie quotidienne (crimes de voyous) et dans la presse (reportages du Vietnam). La répression policière des manifestations, la majorité la trouvait normale hors du Sud raciste — même quand les victimes étaient pacifiques, comme à Chicago en 1968. Mais à intervalles, des émeutes, quelques bombes terroristes et surtout des assassinats spectaculaires causèrent des chocs profonds. Plusieurs massacres par des déments (comme en 1966 à Chicago et à l'Université du Texas) et surtout les attentats contre JFK (1963), Malcolm X et M.L. King (1965), Robert Kennedy (1968) et G. Wallace (paralysé, 1972), donnèrent à penser que les États-Unis sombraient dans l'anarchie. La violence, en fait, avait toujours été un trait de leur civilisation. Pour conquérir le continent, et pour abolir d'abord l'esclavage des Noirs puis l'exploitation du prolétariat industriel, il avait fallu employer la violence. La religion puritaine la tolérait d'ailleurs bien mieux que l'érotisme. L'importance accordée aux droits individuels encourageait indéniablement au règlement personnel des conflits par la force. La tradition semblait y encourager et aussi le divertissement médiatique. C'est alors, par exemple, que la télévision a fait du « football » américain le sport le plus populaire, au lieu du paisible baseball.

What kind of nation is it in which Robert Francis Kennedy was murdered last week ?

Is it, as so many foreign commentators and not a few Americans seem to think, a country in which a violent and intemperate people frequently settle differences by force rather than by democratic process ? Is it, as some others believe, a nation with so many conflicting forces — black and white, rich and poor, young and old — that violence is an inevitable product of their collision ?

Is it, in addition, immersed in an era of increasing permissiveness, when court decisions tend to protect criminals, and leaders like Martin Luther King can take their causes into the streets in defiance of law and order.

Is it, finally, a nation whose frontier heritage is so close in time and so romantic in aspect that it perpetrates violence in Vietnam, enjoys it on its television screens and tolerates it in its streets, as if violence were — in Rap Brown's [1] phrase — « as American as cherry pie » ?

In the shock of another Kennedy assassination — coming only a few weeks after the shooting of Dr. King — all these questions were being asked. To many Americans and even more foreigners, it seemed that there had to be a pattern, a reason, an explanation. Conspiracy was sometimes suggested : more often, the notion was pressed that something was fundamentally wrong with American life — a « sick society » was responsible for the chain of assassinations, and other problems.

If it has been difficult for anyone to diagnose the precise nature of the sickness, it is equally difficult to give the patient a clean bill of health. After all, in little more than five years, Medgar Evers, Malcolm X, John F. Kennedy, George Lincoln Rockwell [2], Martin Luther King and Robert F. Kennedy have fallen before gunfire ; Detroit, Newark and dozens of American cities, including Washington, have erupted in racial disorder and pillage ; the crime rate has risen at a pace alarming to millions ; and not only the downtrodden blacks but affluent white students like those who seized the buildings at Columbia are turning to violence to attain what to middle-class Americans are obscure or unworthy goals.

But Evers was shot by a white segregationist, Malcolm by a black, Rockwell by an American Nazi rival, and Dr. King by person or persons unknown. An authorized commission decided John F. Kennedy was killed by a mental misfit with a grim personal history ; and a Christian Arab immigrant, nationalist and fanatic, has been charged with the murder of Robert Kennedy, a defender of Israel.

None of this suggests a coherent political or social pattern. Nor were any of these deaths (except possibly Dr. King's) visibly connected to the strife in the cities — which in itself, while a recent development, is part of a racial problem as old as America and certainly antedating today's « sick society. » The crime rate is going up, all right, but so is the proportion of youths (who perpetrate most crime) in the population ; police techniques in discovering and reporting crime are improving, further inflating the statistics, and even rising prices mean that many thefts once dismissed as petty crimes are classified today as « major » crimes. American students, moreover, are increasingly unruly but they have yet to set off a general strike and rebellion like the one that has paralyzed France. |...|

But it is also true that the 1960's have given birth to ominous giants — the great social struggles now racking America. The most vital and dramatic of these is the black people's rising militance in demanding not merely « civil rights » but full equality. That struggle, in its turn, is inextricably involved with the insistence of the have-nots that in the wealthiest society in history the gap between rich and poor is too great — involved because many of the poor are black and most of the black are poor. The conjunction of these two causes results in class struggle, perhaps embryonic but massive in its potential.

A whole new generation — the children of affluence — has taken up the cause of the black and the poor, not so much out of class feeling or shared experience, perhaps, as from recognition of a common enemy — the Establishment. It is the Establishment — the elders, the politicians, the military-industrial complex, the university trustees, the landlords, the system — that represses the black, exploits the poor, stultifies the students, vulgarizes American life. And it is the Establishment, of course that wages the war in Vietnam — in the widespread protest against which the underlying class and generational clashes were dramatized and sharpened.

---

(1) Un des dirigeants du mouvement du Pouvoir noir.

(2) le chef du minuscule Parti nazi américain.

Source : Tom Wicker, « American Tragedy : The Terrible Toll of Violence », *New York Times*, 9 juin 1968

5 *THE FEAR OF CRIME*

Liberté individuelle et progrès individuel : la foi qu'il porte à ces deux noyaux de son idéologie, l'Américain l'a toujours payée par une criminalité très élevée. Mais dans les années 60, les baby boomers *arrivant à l'adolescence, comme s'accroissait l'incitation des publicitaires et des activistes à obtenir/acquérir davantage, les crimes de voyous dépassèrent le seuil du tolérable. Ils coûtaient, certes, bien moins, en milliards de dollars, que le « crime de cols blancs » ou les trafics des mafias (jeux, usure, drogue, prostitution), mais ils faisaient peur. Ils s'accompagnaient en effet de violence, due au ressentiment racial, à l'insanité du toxicomane ou à la simple folie sanguinaire. Entre 1960 et 1973, le nombre annuel de meurtres passa de 8 000 à 20 000 (10 fois le taux français). Ces crimes frappaient surtout les humbles, au sein des métropoles, mais s'étendaient vers les banlieues où les Blancs se réfugiaient. Partout la police locale était inefficace. Le FBI de J.E. Hoover s'occupait des radicaux. Tribunaux et prisons étaient surchargés. Alors le citadin barricadait sa maison, n'osait plus sortir la nuit ; en voiture il verrouillait les portières. On avait peur. Un cas célèbre illustre cette peur : le 27 mars 1964, agressée dans une rue de New York, Cathy Genovese hurla longtemps avant de mourir sans qu'aucun des 38 témoins habitant alentour n'intervienne. Les adversaires de la vente libre des armes à feu étaient donc peu écoutés. Et on écoutait en revanche les champions de « la loi et l'ordre », comme Wallace et Nixon.*

One of the great puzzles of urban America is this : Why is there so much crime ?

Year after year, the problem keeps spiraling. Violence is spreading. Terror strikes in the suburbs as well as the slums. People are being slain, robbed, beaten, slashed, vandalized by youths and adults, white and black. Many offenses are marked by a sinister senselessness.

Alarm is nationwide. A symbol of the crime crisis is Washington, D.C., of which the Senate Majority Leader, Mike Mansfield, of Montana, sald recently : « It is a capital blanketed in fear. Fear stalks the streets. It seeps into office and home. It afflicts rich and poor...It spreads and will continue to spread into what were supposed to be the 'safe' suburbs... People flee the streets at dark and, more and more, even in daylight ». [...]

Why ? What is behind the grim upsurge ? Who are the criminals ? What motivates them ? Narcotics ? Poverty ? Racial malice ? Class hatred ? Envy ? Frustations ? Who is to blame ? Courts ? Police ? Parents ? Schools ?

In New York City, U.S. District Attorney Whitney North Seymour, Jr., calls narcotics the principal cause of street crime. [...] The average heroin addict — « fencing stolen goods at a fraction of their value — must steal $150 worth every day to support a $30.50-a-day habit. Says Joseph Barriteau, a Negro who is an official of the New York City Youth Services Agency : « Wipe out the drug traffic or we'll never solve the problem of crime in the streets ». [...]

Police Chief Joseph P. Kimble of Beverly Hills, Calif., believes that too many refuse to recognize that there is a direct link between crime in the streets and social conditions. « For millions », says Mr. Kimble, « there is poverty in the midst of plenty, substandard housing, inferior education and a lack of promising jobs ». [...] Speaking of what he terms the « basic », underlying problem », Senator Tydings says : « The decay of the central city is much more serious than most people realize. The average person does not comprehend the extent of family breakdowns, how impoverished the schools are, how bad the welfare system is in holding the family, together, how bad transportation is. The cancer of the inner city is much worse than generally realized ». [...]

Nationwide, a large proportion of armed crime is committed by juveniles. In Washington, for example, teen-agers commit 45 per cent of the armed robberies. In this situation, courts become targets for mounting criticism. An advisory panel says this in a report to Congress on armed violence : « The way the criminal justice system operates at present is an abomination of justice and, undoubtedly, a significant contributor to armed crimes. Urging pretrial detention and speedy prosecution of accused persons, juvenile and adult, the panel notes that in the District of Columbia « one out of every three armed robbery suspects released on bail is arrested for another offense before he comes to trial ». [...]

Widely cited as a cause of crime is the prison system. Senator Tydings says that many prisons are « stockades run by criminals — crime schools ». He contends that there is « no rehabilitation », that « prisons are turning out people far more dangerous than when they went in. »

A grumble often heard among crime fighters is that police manpower is being used improperly. « For exemple, the police must abandon much of their efforts to curb crimes of violence — such as muggings and rapes — to concentrate on social and personel matters such as political protest and drunkenness. [...] Half of the nontraffic arrests made each year, Chicago criminologists say, are for offenses which do not involve violence or loss of property.

An important factor in the crime crisis, experts agree, is the permissive attitude of parents, educators, courts — the public generally. [...] Carol S. Vance, district attorney in Houston, Tex., believes that the crime explosion results from « a new type of amorality — people with a complete indifference to life and with no social, religious or cultural values. » [...] Chief Kimble of Beverly Hills fears that « we have come to accept crime and violence as natural by-products of living in a 'stress society' ». [...]

Factors contributing to the rising crime rate, some authorities assert, are lurid movies, scenes of violence on television, and obscene or inflammatory printed matter. « The militance of youthful rebels, black and white, often seems to be glorified by the news cameras », a police official remarks. « Anarchy is made to seem commonplace. Depravity is big at the movie box offices now that censorship of almost any kind has been rejected by the courts. « All of this contributes to a weakening of the old standards of right and wrong. »

Source : « Special Report on Crime », *US News and World Report,* 16 mars 1970.

Crimes of violence, 1960-1969			
— population : up 13 % — violent crime : up 131 %			
	1960	1969	change
murders	9,000	14,900	+ 66 %
forcible rapes	16,860	36,300	+ 115 %
robberies	107,390	301,000	+ 180 %
aggravated assaults	152,000	307,000	+ 103 %

6 THE SEXUAL REVOLUTION

Pour cette deuxième étape, après celle des années 20, de nombreux facteurs ont joué : antibiotiques et pilule contraceptive, baisse de l'âge moyen, hausse du niveau d'éducation et de revenus, avènement d'une société de consommation, contestations des féministes (pour l'IVG en particulier) et des homosexuels. De plus en plus d'Américains changeaient leurs attitudes vis à vis de la sexualité, et leurs comportements. Dès 1960, les tribunaux avaient jugé que L'amant de Lady Chatterley *n'était plus obscène — tandis qu'ouvrait le premier Playboy Club. Vers la fin de la décennie, une part de la prude Amérique semblait saisie par la débauche. Les bikinis se multiplièrent sur les plages ! La mini-jupe se généralisa après 1967. La diffusion des magazines de nus, toujours plus polissons, tripla. En 1969 deux spectacles (étrangers) firent sensation : le film* I Am Curious (Yellow) *et la pièce* Oh ! Calcutta !. *Au début des années 70, même le film pornographique connut un vif succès en salles (*Deep Throat, *1972). Les pudibonds étaient loin de rendre les armes, mais la majorité semblait acquise à la sensualité, aux plaisirs gastronomiques, sportifs, artistiques et sexuels. Parmi les jeunes de la* me generation *des années 70, les jouisseurs succèderaient aux militants.*

Since its first issue in 1953, *Playboy* magazine has been trumpeting the triumph of the sexual revolution. Still, no matter how many times Editor Hugh Hefner interred American puritanism in innumerable installments of the *Playboy* Philosophy, he could never prove that the national libido has been unshackled. Consequently, Hefner funded the most wide-ranging U.S. poll since Alfred Kinsey's famous studies of *Sexual Behavior in the Human Male* in 1948 and *Sexual Behavior in the Human Female* in 1953. *Playboy's* findings : over the past 25 years « there have been dramatic increases in the frequency with which most Americans engage in various sexual activities and in the number of persons who include formerly rare or forbidden techniques in their sexual repertoires. » [...] The statistics that point to a newly sensual America :

▸ Premarital sex now occurs more frequently and sooner than it did in Kinsey's day. About three-quarters of *Playboy's* single women under 25 had had intercourse, while only one-third of Kinsey's made that claim. Among the youngest group of married women queried by *Playboy* (ages 18 to 24), 80 % had lost their virginity before marriage. More than half the *Playboy* men with some college education had had premarital coitus by the age of 17 ; Kinsey's group were only half as precocious.

▸ Women are having more orgasms — *Playboy's* single females achieve three times the rate of orgasms as Kinsey's. Moreover, the married women claiming they always or almost always had orgasms increased from 45 % to 53 %.

▸ Young wives are much more likely to have affairs. Extramarital coitus among married women under 25 is up from less than 10 % to 24 %. Women, concludes *Playboy*, are approaching the under-25 male infidelity rate of 32 %.

▸ Oral sex is on the increase. The incidence has increased by 50 % since Kinsey. Now, according to the *Playboy* survey, 80 % of America's singles between 25 and 34, as well as 90 % of married persons under 25, had « practiced cunnilingus or fellatio, or both, in the past year. »

▸ Heterosexual anal intercourse is much more widely practiced, particularly among younger people. Kinsey did not find enough occurrences to deal with it statistically. *Playboy* maintains that « a quarter of all females and more than a quarter of all males in our total sample had experienced [heterosexual] anal intercourse at least once, and nearly a quarter of married couples under 35 had used it at least once it the past year. » Generally, however, kinkiness is not on the rampage. Sadism and masochism are still marginal phenomena, as are spouse swapping and group sex.

▸ Homosexuality, although it has increased in visibility, has apparently not become more common. Perhaps 25 % of American males have had at least one homosexual experience, a percentage *Playboy* finds comparable to Kinsey's. But much of the homosexual experience in both polls is adolescent experiment, and the percentage of older males who are exclusively homosexual appears to be slightly smaller than in Kinsey's sampling. [...]

To Paul Gebhart, director of the Kinsey Institute, the new sex survey looked « pretty good. » Gebhard praised the quality of Research Guild's work and observed : « The figures they're getting agree with our research, and they're in line with pre-existing trends toward more liberal activity. »

Source : « A Sex Poll (1973), *Time,* 1er octobre 1976.

7 A SLEEPER : THE EVANGELICAL REVIVAL

L'importance de la religion dans la société américaine est en général sous-estimée par les étrangers — qui s'étonnaient de voir des Jesus freaks *et* Hare Krishnas *parmi les hippies, ou le succès à Broadway de* Jesus Christ Superstar, *un opéra rock. Au mieux, ils s'intéressent aux grandes Églises de la Réforme. Dans les années 60, la plupart d'entre elles se sont adaptées. Et la Catholique aussi, finalement américanisée, et revivifiée par Vatican II. Elles ont milité pour le progrès social — sans l'appui unanime de leurs fidèles cependant : c'était surtout le clergé sans paroisse qui défilait dans le Sud à l'époque. On faisait alors peu attention aux Évangéliques. Leur « réveil » piétiste avait été alimenté dans l'après guerre par les menaces soviétique et nucléaire, par la complexité croissante des affaires humaines et le changement constant dans tous les domaines — et par de grands prédicateurs itinérants comme Billy Graham. Dans le Sud et le Midwest aussi, on recherchait des remèdes faciles aux angoisses, mais dans l'*old time religion *— pas dans la drogue ou les cultes asiatiques. Les fondamentalistes, perfectionnistes, pentecôtistes ou adventistes offraient des réponses simples et traditionnelles, une stimulante ferveur en même temps que le confort d'une discipline puritaine et d'une communauté de croyants. Leur mouvement décolla au tournant des années 70, en réaction pour une part à l'apparent déclin de la religion et aux innovations des années 60, en particulier la permissivité sexuelle.*

America's « evangelicals » once seen by many as part of a dying religious tradition, are turning out to be very much alive and growing.

These old-fashioned, God-fearing denominations are gaining in membership at the rate of 3 per cent a year — at a time when « liberal » religious bodies are stagnant or declining. [...]

Best estimates are that « evangelicals » in the United States come to about 40 or 45 million believers, about half of all U.S. Protestants.

Perhaps a third or more of the « evangelical » group belong to big « mainline » churches — Episcopal, Congregational, Methodist and others. In such bodies, they constitute a hard core of resistance to « liberal » leadership that tends to rationalize the Bible, shun emotionalism in worship and emphasize « social activism » as the church's mission to the world.

Most « evangelicals, » however, are attached to denominations whose message is uncompromising : that man is sinful, that he must be redeemed through Jesus Christ, that he must commit his life totally to God or go to Hell, and that his duty is to « evangelize »— win unbelievers to God.

Thirty-eight such denominations, claiming about 3 million members, belong to the National Association of Evangelicals. About 15 denominations belong to the American Council of Christian Churches, a militantly right-wing association founded by the Rev. Carl McIntire. Still others are too fiercely independent in the fundamentalist tradition to join any association.

« Evangelicals » now range in size from the Southern Baptist Convention, whose 11 million members make it the nation's largest Protestant body, to sects such as the Fire Baptized Holiness Church, which claims a few thousand members.

What « evangelicals » share is a strong belief in personal piety and morality. Most take a somewhat « conservative » view of political and social issues.

They also share, more or less, a fundamentalism which accepts as divinely inspired the truth of the Bible in its entirety. « Evangelicals » believe without question that God created the earth, that the Israelites fleeing Egypt crossed the Red Sea on dry land, and that Jonah was swallowed by a whale and lived to tell about it.

Today, many « evangelical » bodies are growing at an accelerating rate. Among many other success stories are these :

• The Assemblies of God, a Pentecostalist denomination founded in 1914, has grown from 515,000 members in 1963 to 625,000 at present. It maintains more than 1,000 missionaries in almost 100 nations.

• The century-old Seventh-day Adventist Church increased its worldwide membership by 50 per cent in the 1960s and the denomination has added 200 colleges, hospitals, sanitariums, clinics, old peoples' homes, orphanages and publishing houses to its long list of social enterprises.

• The Mennonite General Conference which — like other Mennonite bodies — was founded in sixteenth-century Switzerland, has increased its membership by 30 per cent since 1960. It now claims 114,000 members.

Some denominations outside the core of Protestant tradition, but « evangelical » in purpose, also are expanding rapidly. One example is Jehovah's Witnesses. [...] Another non-Protestant « evangelical » denomination is the Church of Jesus Christ of Latter-day Saints — known as Mormons. Global membership has risen from 1.1 million in 1950 to 2.8 million last year.

More and more, « evangelicals » are broadening their focus in an attempt to reach with their programs the young, the black and the poor in today's urbanized and technological society.

Source : « New Life for the Old-Time Religion », *US News & World Report,* 19 octobre 1970.

Lectures complémentaires

R. Coles, *The Middle Americans,* Boston : Little, Brown, 1971.

Richard Krickus, *Pursing the American Dream : White Ethnics and the New Populism,* New York : Anchor Press, 1976.

Ramsay Clark, *Crime in America,* New York : Simon ◁ Schuster, 1970.

Vance Packard, *The Sexual Wilderness : The Contemporary Upheaval,* New York : McKay, 1968.

CHAPITRE VIII
NIXON ET LES AFFAIRES ÉTRANGÈRES

Depuis Theodore Roosevelt (et sauf dans les années 20), tous les présidents ont tenu un rôle sur la scène internationale. Depuis 1945, ils y ont été très actifs : à la fois pour mener la lutte contre le bloc communiste et pour assurer l'accès des États-Unis aux matières premières et aux marchés de la planète. Et toujours la politique intérieure a été intimement liée à l'extérieure, pour une raison permanente : la Chambre, qui tient les cordons de la bourse, retourne devant les électeurs tous les deux ans. Une autre raison, après 1965, fut le Vietnam où disparaissaient des milliers de jeunes Américains et des milliards de dollars.

En tant que vice-président déjà, Nixon avait été diplomate itinérant, en Afrique et en URSS. Une fois Président, il voulut mettre fin à la guerre au Vietnam et restaurer l'influence des États-Unis. Il s'adjoignit les services de Henry Kissinger qui, publiquement ou secrètement, ne cessa plus de sillonner le globe. De toute évidence les États-Unis n'avaient plus les moyens de jouer les shérifs planétaires. Il fallait prendre en compte l'éveil du Tiers monde, ainsi que l'essor économique de l'Europe et du Japon (en 1970, les États-Unis ne produisaient que 30 % du PNB mondial contre 40 % en 1950). La *Nixon Doctrine*, nouvelle politique étrangère, mêlait pragmatisme, non-interventionnisme, flexibilité et fermeté.

L'équipe obtint des succès remarquables. Tandis que les tensions s'accroissaient entre les deux géants communistes, une détente sans précédent s'instaura entre eux et les États-Unis. Après que Nixon fut reçu à Pékin, Moscou, craignant l'isolement, l'invita et signa le traité SALT de limitation des armements ainsi que des accords commerciaux. Au Moyen-Orient, Nixon et Kissinger surent tirer profit des affrontements — mais ils se surent pas éviter la troisième guerre israélo-arabe et la crise pétrolière qui suivit. En Amérique latine, l'aide américaine aux adversaires d'Allende, Président chilien de gauche, avant et après son élection, valut peu de sympathie aux États-Unis. Et surtout, la paix se fit très longuement attendre au Vietnam. On a dit que les succès de la diplomatie nixonnienne feraient oublier le Watergate. Avec le recul, ils paraissent moins impressionnants ; le scandale lui le reste tout autant.

1 CAMBODIA INVADED

Au contraire d'Eisenhower et comme Johnson, Nixon n'était pas assez sûr de lui pour renoncer à gagner. Aussi la guerre du Vietnam continua pendant 5 ans après son élection. Depuis juin 1969, les États-Unis retiraient des troupes de combat, dans le cadre de la « vietnamisation », tandis que les bombardements s'intensifiaient. En 1970, pour créer un environnement favorable au régime de Saïgon, Nixon décida de détruire les sanctuaires du Vietcong au Cambodge — sans plus de succès que l'ARVN au Laos plus tard. Cette attaque d'une nation tierce, non-autorisée par le Congrès, marqua un tournant : d'abord par son rôle indirect dans l'avènement des Khmers rouges génocidaires ; ensuite parce qu'elle déclencha la dernière des grandes révulsions de l'opinion publique ; et enfin parce qu'elle contribua à convaincre Nixon qu'aucune victoire n'était possible.

Good evening, my fellow Americans. Ten days ago, in my report to the Nation on Viet-Nam, I announced a decision to withdraw an additional 150,000 Americans from Viet-Nam over the next year. I said then that I was making that decision despite our concern over increased enemy activity in Laos, in Cambodia, and in South Viet-Nam.

At that time, I warned that if I concluded that increased enemy activity in any of these areas endangered the lives of Americans remaining in Viet-Nam, I would not hesitate to take strong and effective measures to deal with that situation.

Despite that warning, North Viet-Nam has increased its military aggression in all these areas, and particularly in Cambodia. [...] The enemy in the past two weeks has stepped up his guerilla actions, and he is concentrating his main forces in these sanctuaries that you see on this map, where they are building up to launch massive attacks on our forces and those of South Viet-Nam.

North Viet-Nam in the last two weeks has stripped away all pretense of respecting the sovereignty or the neutrality of Cambodia. Thousands of their soldiers are invading the country from the sanctuaries ; they are encircling the Capital of Phnom Penh. Coming from these sanctuaries, as you see here, they have moved into Cambodia and are encircling the Capital. [...]

In cooperation with the armed forces of South Viet-Nam, attacks are being launched this week to clean out major enemy sanctuaries on the Cambodian-Viet-Nam border.

A major responsibility for the ground operations is being assumed by South Vietnamese forces. For example, the attacks in several areas, including the Parrot's Beak, are exclusively South Vietnamese ground operations under South Vietnamese command, with the United States providing air and logistical support.

There is one area, however, immediately above Parrot's Beak, where I have concluded that a combined American and South Vietnamese operation is necessary.

Tonight American and South Vietnamese units will attack the headquarters for the entire Communist military operation in South Viet-Nam. This key control center has been occupied by the North Vietnamese and Viet Cong for five years in blatant violation of Cambodia's neutrality. [...]

If, when the chips are down, the world's most powerful nation, the United States of America, acts like a pitiful, helpless giant, the forces of totalitarianism and anarchy will threaten free nations and free institutions throughout the world.

It is not our power but our will and character that is being tested tonight. The question all Americans must ask and answer tonight is this : Does the richest and strongest nation in the history of the world have the character to meet a direct challenge by a group which rejects every effort to win a just peace, ignores our warning, tramples on solemn agreements, violates the neutrality of an unarmed people, and uses our prisoners as hostages ?

Source : Président Richard M. Nixon, *(televised) Address to the Nation*, 30 avril 1970.

2 *NIXON IN (RED) CHINA*

Nixon avait longtemps fait partie des opposants acharnés à la reconnaissance de la Chine, à son entrée à l'ONU et à l'abandon des « nationalistes » de Formose. Il était bien placé, paradoxalement, pour faire accepter la « détente » par des visites officielles à Pékin, puis à Moscou, les premières qu'aient jamais faites un Président des États-Unis. Cette politique fut engagée dès 1969. Le conseiller, puis Secrétaire d'État, Kissinger en fut discrètement le maître d'œuvre. Il alla à Pékin en juillet 1971 ; en octobre la Chine était admise à l'ONU et au Conseil de sécurité. L'objectif était triple en ce qui concerne la Chine : renverser les alliances aux dépens de l'URSS ; accélérer les négociations avec les Vietnamiens ; et pénétrer sur le marché chinois, après 20 ans de boycott. Les États-Unis suivaient avec un quart de siècle de retard, la recommandation du général George Marshall : s'entendre avec Mao Tsé Toung plutôt que financer la dictature corrompue de Tchang Kaï Chek. Ce faisant, ils encourageaient la Chine sur le chemin de la libéralisation.

The President and Kissinger were as surprised as everybody else was when the rarely seen or accessible Chairman Mao received them on the Monday of their arrival. At 78, often reported in recent years to be either dead or incapacitated, Mao appeared to Nixon and Kissinger during their hour with him to be in excellent health, alert, and in total command of the People's Republic. With necessary breaks for translation allowed, the half hour or so of substantive talk that the President and Kissinger had with Mao could hardly have encompassed the range of issues that the Americans wanted the press to believe it did. Nothing whatever about the substance of the talk with Mao was divulged. The only fact that emerged, other than the Chairman's appearance of bouncy health, was that Premier Chou, who on other occasions seemed to the Americans to be the paramount and controlling figure on the China scene, played the part of a humble follower and subordinate when he was in Mao's presence with then. Chou's demeanor presumably contribued to the impression, reported by Kissinger, that the Premier checked with Mao at every important stage of the secret discussions. Nixon and Kissinger had never been told when and where they would meet Mao, and they didn't know for sure until they were about to leave China that they wouldn't have a second meeting with him.

I find it believable that the President and his Chinese conferees reached no « written or unwritten agreements. » The few concrete accomplishments that are claimed — moves toward expanded trade, cultural exchanges, regular diplomatic communication short of formal recognition — justify the rather exalted Nixon estimate of their importance only in the sense that they signify the beginnings of accommodation between two powers that have been isolated from each other and in a state of declared hostility to each other since the People's Republic was founded in 1949. I doubt that the opportunity given Nixon on the American side and Chou and Mao on the Chinese side to explore and test out each other's perceptions of the world and its problems, as a somewhat enchanted American adviser to the President put if after the return to Washington, is as important and as promising for the future as Mr. Nixon is said to think it is. Since Kissinger visited Peking last July, the same informants have been telling Washington reporters how fully and admirably steeped in American lore and attitudes Premier Chou En-lai is. If Mr. Nixon had to go to Peking, as he said he did, to learn in person from the Chinese leaders of « their total belief, their total dedication to their system of government, » then he and his countrymen are in a sad plight. It was not anything that Nixon could have learned anew about his Chinese hosts and their purposes, or that they could have learned about him and his purposes, that gives the Nixon visit to China substantial significance. What makes it meaningful is the fact that it occurred ; that the Chinese Communists were willing to receive him and that he was willing to go to them, in defiance of ingrained and powerful prejudices and preconceptions in both countries. The enchanted American adviser whom I have just quoted, rather disparagingly, was closer to reality when he said after his return to Washington that Chou and Mao are likely to have at least as much trouble with the extremist faction in their society, in the Nixon aftermath, as the President is already having with some of his disillusioned conservatives.

The conservatives are principally alarmed by what they take to be the evidence in the Shanghai communique that Nixon has agreed to sell out Chiang Kaishek and his Republic of China on Taiwan in return for a Chinese Communist undertaking to further a negotiated settlement of the Vietnam and Indochina war. There can be no doubt that the US interest in Taiwan has taken second place to the US interest in achieving a full accommodation with Communist China. But the interest in Taiwan and the commitment to defend it against mainland military aggression were in decline before Mr. Nixon went to Peking. The suspicion that the President persuaded the Peking leadership to push the Hanoi Communists toward a settlement of the war, at the Taiwan government's expense, rests only upon the semantics and omissions of the Shanghai communique. My hunch, based upon no better evidence, is that if there was a failure in Peking it was the President's failure to make any progress toward a negotiated end of the Indochina war.

Source : John Osborne « Chinese Checkers », *The New Republic,* 11 mars 1972.

3 WAR POWERS ACT

Méfiants, les Pères fondateurs ont confié le droit de déclarer la guerre au Congrès. Sans sa permission pourtant, tous les présidents, au 20e siècle ont engagé des troupes à l'étranger, mais brièvement. Les interventions en Corée et en Indochine furent, elles, de longues guerres non-déclarées, fort impopulaires et mal finies. En 1964, Johnson avait usé d'un subterfuge pour obtenir du Congrès l'autorisation de bombarder le Nord-Vietnam. Cette Tonkin Gulf Resolution, *le Sénat l'avait abrogée en 1970. Et en 1971, les Dossiers du Pentagone avaient révélé le processus secret de l'embourbement en Indochine. Aussi, exaspéré par l'invasion clandestine du Cambodge en 1970, le Congrès vota le* War Powers Act *— et passa outre au véto de Nixon. Cette loi a gêné tous les présidents suivants : c'est clairement un frein à la « Présidence impériale » et au messianisme global.*

A national debate has begun on « the War Powers Act. » The bill was the subject of intensive, year-long hearings before the Senate Foreign Relations Committee.

There has been criticism of the bill from Secretary Rogers, as well as from such former Kennedy and Johnson advisers as George Ball, Eugene Rostow and Arthur Schlesinger Jr., and from Senator Goldwater. These critics have largely presented their objections to the bill from the perspective of « President's men. » But I do not believe that they have grasped the real reason for the bill, nor do they give sufficient weight to the constitutional and legislative imperatives arising from our national experience of the past several decades.

The United States emerged from World War II as the dominant world power — a role quite alien to all our previous national experience. The unique challenges arising from this new role were such that we slipped into a practice which ran counter to the genius of our Constitution and the underlying structure of our political institutions. This practice tended to concentrate the essential power of war and foreign policy in the institution of the Presidency and to leave to the Congress only an appropriations or confirmatory role. This practice has proved to be a most costly failure which has dangerously strained the fabric of our whole society.

The War Powers Act corrects the basic flaw of the postwar practice by restoring to the Congress and to the people a meaningful role on the question of war or peace.

Critics of the War Powers Act have alleged most frequently that the provisions of the bill are too rigid ; that the bill does not and cannot foresee all the « unforeseeable » contingencies which might face the nation at some future time. Such criticism is wide of the mark. The bill provides four categories of situations in which the President may take emergency military action in the absence of a declaration of war : first, to repel or forestall an attack — or imminent threat of an attack — upon the United States ; second, to repel or forestall an attack upon the armed forces of the United States located outside of the country ; third, to rescue endangered U.S. citizens abroad in defined circumstances, and fourth, « pursuant to specific statutory authorization. » This last category is designed specifically to enable the President and the Congress *together* to meet any contingency the nation might face.

Over the last twenty-five years the Congress on a number of occasions has passed so-salled « area resolutions » at the President's request — most famous the ill-begotten Tonkin Gulf Resolution. The « fourth category » of the War Powers Act envisages replacement of the old, loosely-worded « area resolution » with precisely worded, new resolutions — as needed — which establish a national policy, jointly constructed by the President and Congress, respecting developing crises or threats which could involve use of the armed forces. A Congress and a nation so badly burned by Vietnam and the Tonkin Gulf Resolution can be expected to exercise more appropriate caution, prudence and precision.

The War Powers Act makes ample provision for emergency action by the President. Its unique feature is that, in doing so, it builds in a « trip-wire » necessitating affirmative Congressional action within thirty days. If the President takes emergency action putting the armed forces into hostilities, he must immediately make a full report of the circumstances, authority for, and expected scope and duration of, the military measures he has initiated. If the President is unable to obtain the concurrence of Congress to extend his authority, he must terminate his actions at the end of thirty days. The bill has strict provisions to prevent filibuster or other delays.

The War Powers Act cannot create national wisdom where there is none. But it can insure that the collective wisdom of the President and the Congress will be brought to bear on the life and death questions of war and peace. The Pentagon papers and the Anderson papers have shown us how dissenting and questioning viewpoints are screened out or excluded altogether from the present Presidential decision-making process. The real danger to our security today is not that the Congress might hamstring the President. The real danger is that Presidents can — and do — shoot from the hip. If the collective judgment of the President and Congress is required to go to war, it will call for responsible action by the Congress for which each member must answer individually and for restraint by both the Congress and the President.

Source : Jacob K. Javits (*), « The Balance in the War-Powers Bill », *New York Times,* 14 février 1972.

(*) Senior US Senator for New York State.

4 CEASE FIRE IN INDOCHINA

Venus au Vietnam pour conseiller, les Américains avaient bientôt été presque seuls à mener le combat. Quand ils décidèrent de « vietnamiser » le conflit, il était clair qu'ils abandonnaient. Dès 1969, Nixon créa l'impression que pour les États-Unis la guerre finissait : en 1971, il n'y avait plus que 140 000 G.I.s au Vietnam. Pourtant les négociations entamées en mai 1968 à Paris n'aboutissaient pas. À Pâques 1972, pour la troisième fois, les Nord-vietnamiens lancèrent leurs forces à découvert, sur la zone démilitarisée. Les Sud-vietnamiens résistèrent bien. Nixon ordonna alors le minage des ports du Nord et des bombardements massifs. Et derechef à Noël pour faire reprendre les négociations, qui aboutirent. En mars 1973 les dernières troupes US quittaient le Vietnam. Quand en août 1973 les bombardements américains sur le Cambodge cessèrent, c'est 12 ans d'engagement militaire qui prenaient fin.

The parties participating in the Paris Conference on Vietnam,

With a view to ending the war and restoring peace in Vietnam on the basis of respect for the Vietnamese people's fundamental national rights and the South Vietnamese people's right to self-determination, and to contributing to the consolidation of peace in Asia and the world,

Have agreed on the following provisions and undertake to respect and to implement them :

Chapter I : the Vietnamese people's fundamental national rights

Article 1 : The United States and all other countries respect the independence, sovereignty, unity, and territorial integrity of Vietnam as recognized by the 1954 Geneva Agreements on Vietnam.

Chapter II : Cessation of hostilities — Withdrawal of troops

Article 2 : a cease-fire shall be observed throughout south Vietnam as of 2400 hours G.M.T. on January 27, 1973.

At the same time, the United States will stop all its military activities against the territory of the Democratic Republic of Vietnam.

Article 3 : The parties undertake to maintain the cease-fire and to ensure a lasting and stable peace.

As soon as the cease-fire goes into effect :

a) The United States forces and those of the other foreign countries allied with the United States and the Republic of Vietnam shall remain in place pending the implementation of the plan of troop withdrawal. The Four-Party-Joint Military Commission described in Article 16 shall determine the modalities.

b) The Armed forces of the two South Vietnamese parties shall remain in-place. The Two-Party Joint Military Commission described in article 17 shall determine the areas controlled by each party and the modalities of stationing.

c) The regular forces of all services and arms and the irregular forces of the parties in South Vietnam shall stop all offensive activities against each other and shall strictly abide by the following stipulations :

— All acts of force on the ground, in the air, and on the sea shall be prohibited ;
— All hostile acts, terrorism and reprisals by both sides will be banned.

Article 4 : The United States will not continue its military involvement or intervene in the internal affairs of South Vietnam.

Article 5 : Within sixty days of the signing of this Agreement, there will be a total withdrawal from South Vietnam of troops, military advisers, and military personnel, including technical military personnel and military personnel associated with the pacification program, armaments, munitions, and war material of the United States and those of the other foreign countries mentioned in article 3 (a). [...]

The exercise of the South Vietnam People's right to self-determination

Article 9 : The Government of the United States of America and the Government of the Democratic Republic of Vietnam undertake to respect the following principles for the exercise of the south Vietnamese people's right to self-determination :

a) The South Vietnamese people's right to self-determination is sacred, inalienable, and shall be respected by all countries.

b) The South Vietnamese people shall decide themselves the political future of South Vietnam through genuinely free and democratic general elections under international supervision.

c) Foreign countries shall not impose any political tendency or personality on the South Vietnamese people. [...]

Article 13 : The question of Vietnamese armed forces in South Vietnam shall be settled by the two South Vietnamese parties in a spirit of national reconciliation and concord, equality and mutual respect without foreign interference, in accordance with the postwar situation. Among the questions to be discussed by the two South Vietnamese parties are steps to reduce their military effectives and to demobilize the troops being reduced. The two South Vietnamese parties will accomplish this as soon as possible. [...]

Regarding Cambodia and Laos.

a) The parties participating in the Paris Conference on Vietnam shall strictly respect the 1951 Geneva Agreements on Cambodia and the 1962 Geneva Agreements on Laos, which recognized the Cambodian and the Lao people's fundamental national rights, i.e. the independence, sovereignty, unity, and territorial integrity of these countries. The parties shall respect the neutrality of Cambodia and Laos. [...]

b) Foreign countries shall put an end to all military activities in Cambodia and Laos, totally withdraw from and refrain from reintroducing into these two countries troops, military advisers and military personnel, armaments, munitions and war material.

c) The internal affairs of Cambodia and Laos shall be settled by the people of each of these countries without foreign interference. [...]

Source : *Agreement on Ending the War and Restoring Peace in Vietnam*, Paris, le 23 janvier 1973.

Lectures complémentaires

Pierre Mélandri, *La politique extérieure des États-Unis de 1945 à nos jours*, Paris : PUF, 1982.

William Shawcross, *Sideshow : Kissinger, Nixon and the Destruction of Cambodia*, New York : Simon ∝ Schuster, 1979.

James A. Michener, *Kent State : What Happened and Why*, New York : Random House, 1971.

CHAPITRE IX
NIXON ET LES AFFAIRES INTÉRIEURES

Étonnante carrière que celle de ce Californien de milieu modeste, obsédé par le succès, élu député puis sénateur de droite, pendant huit ans vice-président d'Eisenhower, qui le méprisait mais qu'il servit bien, battu en 1960 à l'élection présidentielle, incapable en 1962 de se faire élire gouverneur de Californie — qui ne cesse de besogner, et qui entre à la Maison blanche en 1969, est réélu triomphalement en 1972, puis est forcé de démissionner en 1974.

En l'élisant en 1968, l'électorat aisé désirait réduire l'interventionisme fédéral. Nixon lui proposa le *New Federalism* décentralisateur. Mais il devait affronter un Congrès démocrate, une crise économique et ses démons intérieurs. En fait, les dépenses fédérales augmentèrent de 50 % ; il y eut, pour la première fois en temps de paix, contrôle de prix et des salaires ; et les abus de pouvoir présidentiel causèrent un scandale sans précédent.

Politicien excellant à mener campagne, Nixon était un médiocre administrateur. Il s'entoura d'acolytes peu scrupuleux et malhabiles ; tenta de court-circuiter l'opposition démocrate, de museler les dissidents, d'intimider les médias ; multiplia les opérations clandestines ; concentra à la Maison blanche de plus en plus de pouvoir ; mena campagne contre les programmes sociaux de la *Great Society* (mais fut freiné par le Congrès et les tribunaux) — bref il constitua peu à peu une menace pour la démocratie.

Après avoir résisté 2 ans et 2 mois à la montée du scandale, il se retira, laissant à son falot successeur une inflation galopante, une récession durable, une crise pétrolière mondiale — et une nation qui doutait gravement de la compétence et de l'honnêteté de ses dirigeants. On était loin des enthousiasmes de la *New Frontier*. Le rêve avait cédé la place au réalisme, l'idéalisme à un égoïsme narcissique. Pourtant, à croire les sondages plutôt que les commentateurs, pendant ces tribulations les Américains ne perdirent jamais leur foi dans l'Amérique.

1 WATERGATE : THE CASE AGAINST THE PRESIDENT

*Ce fut le pire scandale de l'histoire de la Présidence : aux Présidents Grant et Harding, on avait seulement reproché d'avoir des associés véreux. Tout débuta par la découverte d'un « sale coup » électoral, le cambriolage du QG démocrate pour y placer des micros (juin 1972) — rien de très grave. Un suspect accusa des proches du Président (mars 1973). Deux de ceux-ci parlèrent, provoquant la démission de deux adjoints de Nixon. En juillet 1973, la Commission d'enquête du Sénat apprit que Nixon enregistrait toutes ses conversations. Le procureur spécial insista pour obtenir les bandes : il fut limogé (octobre 1973). La Chambre engagea alors la procédure d'*impeachment. *En juillet 1974, la Cour suprême ordonna à Nixon de remettre les bandes. L'opiniâtreté absurde dont Nixon fit preuve afin d'étouffer l'affaire l'avait conduit à tant de mensonges et de bévues que l'opinion se retourna. Elle y fut aidée par la révélation d'affaires annexes dont la simple accumulation, sous l'œil de la télévision, fit office de réquisitoire.*

☞ ***WATERGATE.*** It is charged that Mr. Nixon knew about attempts of his aides to cover up and lie about White House responsibility for the break-in and bugging of Democratic Party headquarters in Washington's Watergate complex on June 17, 1972. Some critics contend the President himself aided in the cover-up.

These charges are based primarily on the testimony of John Dean III, a former White House legal counsel, before the Senate investigating committee.

☞ ***COX FIRING.*** The President's firing of Archibald Cox on October 20 stirred an upswelling of outrage and criticism in Congress and across the nation. Mr. Cox had been appointed

Special Prosecutor to handle the grand jury's Watergate investigation, with Attorney General Elliot L. Richardson's pledge to the Senate that he would have independence of action.

President Nixon maintained he was compelled to fire Mr. Cox because the Prosecutor refused to obey a presidential order to drop his court fight for White House tape recordings and documents after Mr. Nixon had offered a summary of those records as a compromise. [...]

☞ ***TAPES MYSTERY.*** After finally agreeing to obey a court order to produce the secret tapes, the White House announced that two of the nine tapes were nonexistent. A Nixon conversation with former Attorney General John N. Mitchell and one talk with Mr. Dean had not been recorded, the White House explained. [...]

☞ ***THE « SECRET WAR. »*** Critics charge that President Nixon exceeded his constitutional authority and deceived both Congress and the public by bombings of Communist forces in Laos and Cambodia which not only were not announced but were concealed by falsification of military records.

☞ ***THE ELLSBERG CASE.*** Four former White House aides, including the President's chief adviser on domestic affairs, John D. Ehrlichman, have been indicted on charges of conspiring to steal the psychiatric records of Daniel Ellsberg, a defendant in the Pentagon Papers case.

☞ ***« THE PLUMBERS. »*** In 1971, after the Ellsberg leak of the Pentagon Papers to the press, a secret unit that was known as « the plumbers » was set up by the White House. « Its primary mission, » the President has said, « was to plug leaks of vital security information. » Members of the « plumbers » unit became involved in the Watergate and Ellsberg raids.

Mr. Nixon also defended the highly criticized wiretapping of some Government officials and newsmen as a legal « national security » operation.

☞ ***THE CIA AND FBI.*** A congressional committee has charged that White House aides used officials of the Central Intelligence Agency as « dupes » in illegal operations and to block an investigation of the Watergate case by the Federal Bureau of investigation.

☞ ***« DIRTY TRICKS. »*** The Senate Watergate committee has heard testimony about the use of faked letters, espionage, harassment and other improper practices against Democratic candidates by Nixon campaign workers.

Memorandums by White House aides have been made public which proposed many kinds of pressure against Nixon « enemies »—including income-tax and antitrust investigations and use of the licensing powers held by the Federal Communications Commission.

☞ ***THE ITT CASE.*** An antitrust suit against the International Telephone & Telegraph Company was settled in 1971 after ITT officials offered to contribute heavily toward the cost of the Republican National Convention of 1972.

☞ ***THE DAIRY FUND.*** The Senate's Watergate committee is investigating whether there was any connection between campaign contributions totaling more than $400,000 by the dairy industry and a decision by the Nixon Administration to grant an increase in milk-price supports which was worth several hundred millions of dollars to dairy farmers. Import quotas also were placed on ice cream, cheese and other dairy products.

☞ ***THE VESCO CASE.*** John N. Mitchell, former Attorney General, and Maurice Stans, former chief fund raiser for the Nixon re-election campaign, are charged with conspiring to obstruct an investigation of financier Robert L. Vesco in return for a large contribution to the campaign fund. Both have denied the charge. |...|

☞ ***CORPORATE GIFTS.*** Some business executives who have admitted making illegal contributions from corporate funds to the Nixon re-election campaign have said their donations were sollicited by officials in the organization for raising campaign funds.

☞ ***THE NIXON HOMES.*** There has been criticism of the spending of nearly 3 million dollars of Government money on President Nixon's homes in San Clemente, Calif., and Key Biscayne, Fla.

Source : « The Case Against Nixon — As his Foes Describe it », *US News and World Report*, 19 novembre 1973.

2 WATERGATE : TOWARDS A POLICE STATE

Le Watergate est parfois présenté hors des États-Unis comme la victoire d'un journal progressiste, le Washington Post *exploitant des fautes commises par l'entourage d'un Président conservateur. En fait la crise a prouvé le bon fonctionnement d'un système politique fondé sur l'équilibre* (checks and balances) *entre les institutions majeures. Les abus de pouvoir de Nixon étaient devenus tels que, à l'alerte du quatrième pouvoir, les médias, le Judiciaire (les tribunaux) d'abord, puis le Législatif se dressèrent contre l'Exécutif qui dut se démettre. Quelles qu'aient été les réussites de R.M. Nixon, sa carrière avait été marquée à la fois par l'arrivisme, les « coups tordus » et les échecs (Cf. G. Wills,* Nixon Agonistes, *1969). Le Watergate en fut la tragique et naturelle conclusion. Il fut davantage : un coup d'arrêt à l'expansion de la Présidence. Pendant les crises précédentes, Guerre de Sécession, deux guerres mondiales, dépression de 1929, la Présidence avait obtenu des responsabilités immenses. En 1945, les États-Unis demeurant engagés sur la scène internationale, dans la semi-crise permanente de la Guerre froide, les présidents conservèrent leur pouvoir et l'accrurent, aux dépens surtout du Congrès. L'évolution était dangereuse.*

Almost all of us have some Watergate crow to eat. In my own case there is a particularly large act of recantation to perform since I was not only highly sympathetic to Mr. Nixon in 1968, but also persistently scoffed thereafter at charges the administration was endangering constitutional liberties.

But the Senate hearings have shown that this country was indeed being pushed in the direction of a police state. The pushers were not mere apparatchiks, such as John Dean, but the President and his closest associates. The evidence comes not from hearsay, but from solemn documents supported by an abundance of interlocking testimony.

Begin with the lists of White House « enemies » which the committee unearthed last week thanks to the courageous determination of the young Republican senator from Connecticut, Lowell Weicker. Those lists were part of an action program to mobilize the full power of darkness available to the federal government against the political opposition. The purpose, as one of the covering memos acknowledged, was to « use the available federal machinery to screw our political enemies. »

The memos indicated that screwing our enemies meant such things as prosecution by the Justice Department and trumping up scandal. The President has been charged by Mr. Dean with wanting to use the Internal Revenue Service for harassment, and we know that several individuals on the list suddenly found for the first time that their bank accounts were being subject to special scrutiny.

The FBI was brought into the most crude political operations, including a wholly illegitimate investigation of aspects of the Chappaquiddick incident involving Sen. Edward Kennedy. There was wiretapping, bugging and personal surveillance on a very large scale.

When J. Edgar Hoover refused to cooperate, the White House, through the President's top domestic aide, John Ehrlichman, opened negociations with one of Hoover's subordinates, William Sullivan. When Mr. Hoover died, the President nominated a total White House patsy, L. Patrick Gray, to replace him.

The CIA was also used, in ways specifically barred by statute, for domestic political purposes. This abuse reached its high point in the effort to have the CIA provide a cover for the Watergate burglars. That such attempt was made is now known through the sworn testimony of the former director, Richard Helms, the present deputy director, Lt. Gen. Vernon Walters, as well as the former FBI director, Mr. Gray.

According to testimony supported by contemporary memos, the chief proponent of that effort was the President's closest political associate and White House chief of staff, H. R. Haldeman. His other close associate, Mr. Ehrlichman, played a role in the affair. They did so, as the President's official statement of May 22 indicates, at the express direction of Mr. Nixon himself.

When the FBI and CIA were insufficient, the Nixon White House did not scruple to act through their own goon squads. Break-ins against private citizens were organized by White House personnel apparently operating under the direction of Ehrlichman. The Watergate break-in, in other words, was only one of a series.

A similar pattern of abuse was applied to the courts and the Congress. Mr. Nixon, according to the White House log of his meetings and phone conversations, learned about the burglary of Daniel Ellsberg's psychiatrist in mid-March at the latest. But the fact of the burglary was not reported by federal authorities to the Ellsberg trial judge at Los Angeles until April 25. In the meantime, the President and Ehrlichman dangled the bait of an appointment to be director of the FBI in front of the judge.

As to the Congress, Sen. Weicker has shown that there was an effort to blackmail him for abuse of campaign funds. A similar effort to apply illegitimate pressure on Rep. Wright Patman, D., Texas, has emerged and it will be surprising if the practice was not standard.

I do not want to overdraw the picture. Many forces in American society and government were working to resist all these illegal acts. But there was a systematic effort to set up what amounts to a police state. As chairman Sam Ervin of the Senate committee has been steadily asserting, that effort is in conflict with the role of the President as defined by the Constitution.

The questions raised by that defiance of the Constitution cannot be answered by mere presidential press conferences. They can probably not even be answered, as I recently suggested, in a separate set of committee hearings. It may well be that these can only be answered — and it now seems to me that this is where chairman Ervin in his canniness is taking the country — in an impeachment proceeding.

Source : Joseph Kraft, « Toward Impeachment », *New York Times*, 3 juillet 1973.

3 NIXON RESIGNS

Quatre présidents ont été assassinés et quatre autres sont morts à la tâche. Aucun avant Nixon n'avait démissionné. Et celui-ci ne s'y résolut qu'au moment où il devint clair qu'il allait être mis en accusation par la Chambre, comme seul Andrew Johnson l'avait jamais été, et qu'il serait chassé de la Maison blanche. Son vice-président S. Agnew venait lui aussi de démissionner, à la suite de malversations. Pour le remplacer, Nixon, faisant jouer pour la première fois le 25e amendement (ratifié en 1967), avait vite fait confirmer par le Sénat son choix de Gerald Ford, chef de la minorité républicaine à la Chambre. Ford allait être le premier Président à n'avoir pas été élu par le peuple. Ainsi Nixon évitait que ne lui succède un Démocrate (le Vice-président du Sénat) et il s'assurait que son successeur lui éviterait la prison en l'amnistiant. Mais la terrible humiliation survivrait dans les livres d'histoire : l'opinion publique a jugé que ce châtiment suffisait.

In all the decisions I have made in my public life I have always tried to do what was best for the nation.

Throughout the long and difficult period of Watergate I have felt it was my duty to preserve it, to make every possible effort to complete the term of office to which you elected me.

In the past few days, however, it has come evident to me, that I no longer have a strong enough political base in the Congress to justify continuing that effort. [...]

I have never been a quitter. To leave office before my term is completed is abhorrent to every instinct in my body. But as President I must put the interest of America first.

America needs a full-time President and a full-time Congress, particularly at this time with problems that we face at home and abroad. To continue the fight thru the months ahead for my personal vindication would almost totally absorb the time and attention of both the President and the Congress in a period when our entire focus should be on the great issue of peace abroad and prosperity without inflation at home.

Therefore, I shall resign the Presidency effective at noon tomorrow. Vice President Ford will be sworn in as President at that hour, in this office. [...]

As he assumes that responsibility, he will deserve the help and the support of all of us. As we look to the future, the first essential is to begin healing the wounds of this nation, to put the bitterness and divisions of the recent years behind us, and to rediscover these shared ideas that lie at the heart of our strength and unity as a great and free people. [...]

I shall leave this office with regret at not completing my term but with gratitude at the privilege of serving as your President for the past five and one-half years. These years have been a momentous time in the history of our nation and the world. They have been a time of achievement, of which we can all be proud. [...]

We have ended America's longest war. But in the work of securing a lasting peace in the world, the goals ahead are even more far-reaching and more difficult. We must complete a structure of peace, so that it will be said of this generation, our generation of Americans, by the people of all nations, not only that we ended one war but that we prevented future wars.

We have unlocked the doors that for a quarter of a century stood between the United States and the People's Republic of China. We must now ensure that the one quarter of the world's people who live in the People's Republic of China will be, and remain, not our enemies but our friends.

In the Middle East, 100 million people in Arab countries, many of whom have considered us their enemy for nearly 20 years, now look on us as their friends. We must continue to build on that friendship, so that peace can settle at last over the Middle East, and so that the cradle of civilization will not become its grave.

Together with the Soviet Union, we have made the crucial breakthrus that have begun the process of limiting nuclear arms. But we must set as our goal not just limiting, but reducing and finally destroying these terrible weapons, so that they cannot destroy civilization. And so that the threat of nuclear war will no longer hang over the world and the people.

We have opened a new relation with the Soviet Union. We must continue to develop and expand that new relationship so that the two strongest nations of the world will live together in cooperation rather than confrontation.

Around the world, in Asia, Africa, Latin America, the Middle East — there are millions of people who live in terrible poverty, in starvation. We must keep our goal turning away from production for war and expanding production for peace, so that people everywhere on this Earth can at last look forward in their children's time, if not in our own time, to having the necessities for a decent life.

Here, in America, we are fortunate that most of our people have not only the blessings of liberty but also the means to live full, good, and by the world's standards, even abundant lives. We must press on however, for a goal of not only more and better jobs, but of full opportunity for every American. And of what we are striving so hard right now to achieve, prosperity without inflation. [...]

I shall continue to work for the great causes to which I have been dedicated thruout my years as a congressman, a senator, Vice President and President, the cause of peace not just for America but among all nations, prosperity, justice, and opportunity for all our people.

There is one cause above all, to which I have been devoted and to which I shall always be devoted, as long as I live. When I first took the oath of office as President, five and a half years ago, I made the sacred commitment — to consecrate my office, my energies and all the wisdom I can summon to the cause of peace among nations.

I have done my very best all the days since, to be true to that pledge. As a result of these efforts, I am confident that the world is a safer place today, not only for the people of America, but for the people of all nations.

Source : Le Président Richard M. Nixon, « Address to the Nation » du 8 août 1974, reproduite dans le *Chicago Tribune* du 9 août 1974.

THE CHANGING FACE OF AMERICA

POPULATION	:	210 million, up from 189 million a decade earlier, but growing at a slower rate. Birth rate is falling, family size being whittled back.
AGE	:	Half of Americans are over 28.2 years of age, compared with a median of 28.6 in 1963. But number of children and teen-agers now is falling, number of young adults and people over 65 rising.
RACE	:	Nonwhites increasing at a faster rate than whites-making up nearly 13 per cent of population, compared with 12 per cent in 1963.
RESIDENCE	:	Exodus of Americans to suburbs continues. More people now live in suburbs — 37 per cent — than in central cities or in rural areas and small towns.
MIGRATION	:	Americans, broadly speaking, are moving from heartland to coastal areas. West and South were fastest-growing regions in past decade.
EDUCATION	:	Levels rising. Among people over 25 years of age, 12 per cent have finished college, up from 9 per cent 10 years ago. Median years of school completed : 12.2 now, compared with 11.4.
INCOMES	:	Median family income doubled in last 10 years to $ 12,100 — though more than half the gain was eaten up by inflation. Poverty is declining — 9 per cent of families below poverty line at latest count, compared with 16 per cent in 1963.
JOBS	:	Labor Force includes 92 millions Americans, up from 75 million in 1963, with the gain reflecting shift to a service economy. Two thirds of all nonfarm workers now deal with services, only one third produce goods.

LIVING STANDARDS :	Sharp improvement in past decade, measured by ownership of autos, homes, TV sets, spending on leisure, other good things of life. Question ahead : Is age of abundance ending ?
	Basic data : Official US Government reports.

Source : US News and World Report, 26 avril 1973.

If a new era is here it is critical that America and Americans march into it head held high, proud of past accomplishments. This is not important in order to provide a chauvinistic euphoriant to a flagging American spirit. It goes well beyond that. The cold fact remains that America remains the most powerful, most influential, most prosperous, most imitated nation in the world. That America is still, in Jefferson's words, the last best hope of mankind remains a fact. |...| This in an American century, like it or not. The world, whether it likes it or not, has been deeply influenced by American ideology, American technology and American outlook — and gives no real sign of stopping as this nation of ours moves into its third century. To move into such an era nervously, twitching over imaginary failures, would be doing ourselves and the world a major disservice. Nations, like men, do better when they are confident. |...| America still has a winning hand and only a lack of confidence can turn this nation into a loser. For a jittery, unconfident America to throw in its hand would be a global tragedy. |...|

Which leads then to an important question : If the understanding of success or progress in America is so important *who will speak for success* ?

That is a doubly important question. For the notion of success and progress does more than effect the nature of international affairs. |...| A case can be made that a good part of our domestic malaise can be laid precisely at the feet of a media system that underreports progress. Americans say their own lives are fine. And they say that America is in trouble. There is another way of putting that : What people know of first-hand, they think well of. What people know of secondhand, information gathered through the transmission belt of our system of communications, they think ill of ! |...| The press has not learned how to present good news, and this is corrosive. |...| American progress of varying sorts was surely one of the great, complex and far-reaching stories of the decade, possibly the most important story, but surely no less than second to the Vietnam agony. But who wrote that ongoing story ? Who filmed it for television ?

There were lots of stories about the corrupt Thieu-Ky clique, about Biafra, about riots, about college disruptions, about never trusting anyone over thirty, about drugs, about black is beautiful and Swahili in the schools, about grapes, about radical chic, about pollution, about Women's Lib, about welfare chiselers, about busing, about law-and-order demagogues, about inflation, recession, devaluation and interest rates, about Bangladesh and tilt, and about Watergate, Watergate and Watergate, |...| Now, surely, many of these stories were both interesting and important. But who and what speaks for the broad everyday march of American humanity toward what the public, at least, considers a better way of life ? |...|

The national press corps, including not only writers and TV newsmen, but their editors, publishers, directors and producers as well, are for the most part honest, intelligent, well-meaning and responsible people. They have perfected beyond imagining the techniques of reporting about trees, bark, blisters on the bark and the molecular structure of the blisters on the bark on the trees. Unfortunately, they haven't yet mastered a way to tell something about the configuration of the forest.

It is an unfortunate situation. |...| Americans should be told of their successes with the same vigor and flair that they are told about their failures. |...| Consider American domestic politics. If one accepts the notion of American failure, then it is easy to arrive at the Nixon/New Politics position : Things were terrible in the Sixties, liberalism was in the saddle, liberalism didn't work, the « programs » didn't work, let's try something new, either new-fashioned conservatism, new-fashioned elitism or anything. But suppose one invalidates the first step in that syllogism. Suppose one says that, in fact, great progress was made in the Sixties. |...| Then what is the judgment on so-called traditional liberalism ? Much better. Much better indeed. |...|.

If one traces the course of the so-called old-fashioned liberalism from the moment it assumed political hegemony in 1933, what does one see ? First, a nation locked into an economic depression of immense proportions. Then, very slowly, under the impact of the New Deal, the beginnings of a return to economic health and the establishment of some additional equity for the American working class. A World War erupts and America — literally — saves the world. Liberal doctrine after the war is internationalist abroad, progressive at home — and dominant. Eisenhower does not repeal the New Deal and Nixon does not repeal the New Deal and Nixon does not repeal the Great Society.

In the Sixties, two Democratic Presidents pledge to get America moving economically, to give a fair break to the poor and the black, to build the educational system of the nation, to give the elderly health care and dignity in retirement, to preserve the American wilderness and to clean the air and the water. Such was the rhetoric — the alleged rhetoric of « over-promising. » Led by two liberal Presidents, spurred by a genuine liberal impulse in several great Congresses, helped by the political accident of the Goldwater nomination, aided by a liberal infrastructure in the labor movement, in the universities, in women's organization and down nto the PTAs — a cascade of liberal legislation passed the Congress and was signed by the President. Such were the laws in the era of « overpromising. »

And as the Seventies opened and one examined the data to see what happened in the Sixties, in that overblown, overpromised decade, what does one see ? Massive progress for the poor and the black, a rebuilt educational system, medical care for the aged and greater dignity in retirement, bold steps taken to clean the air and water. Such were the results of a decade of overblown, overpromised traditional liberalism.

Rhetoric. Laws. Results.

Rhetoric leading to laws leading to results. [...]

Now, the argument is made that the Sixties were the last gasp of traditional liberalism. That the old agenda has been completed. That now we must move on. [...] A new agenda indeed ! Tell it to the blacks — who, for all the progress, are still low men on the economic totem pole. Tell it to the poor in America, still in slums and hollows and shacks. Tell it to the aged. Tell it to the sick. Tell it to city dwellers who can't park downtown but have no mass transit available. Tell it to the migrant farm worker. Tell it to the factory worker in an unsafe factory. Tell them that the old agenda is complete. |...|

And what of the future ? |...| Americans today face major issues : political scandal, international uncertainties, energy shortages and inflation of a greater magnitude than known here for a long time. So it is fair now to ask : *What happens next ?*

No specific answers are offered here. Only a sense of how things are. What kind of people are these who will be called upon — as people and as a nation — to deal with these difficult problems ? An energetic and resourceful folk who have dealt with racial injustice, poverty, unpopular war, automation, riot, massive population shifts, new cultural codes, changing value systems, violence and social turbulence of every size and shape imaginable.

Ingeniously, constructively, flexibly — these folk have coped. They have accommodated and they have held firm ; |...| Don't ever sell these folk short. They can cope. They can cope with war and riot — and they can cope with high inflation, with energy shortages and political crises up to and including impeachment of their President |...|

Reader, a request for a reflective pause and some hard thinking. Stop and consider, honestly now, what has happened in this tumultuous, bubbling, harsh, turbulent and sometimes scary dozen years ? Has it really revealed American bankruptcy ? Or has it revealed instead just the opposite, the ability of a doughty continental tribe to make headway into head winds ?

Source : Ben J. Wattenberg, *The Real America*, New York : Putnam, 1974.

Lectures complémentaires

Rowland Evans & Robert Novak, *Nixon in the White House : The Frustrations of Power*, New York : Random House, 1971.
André Kaspi, *Le Watergate*, Bruxelles : Complexe, 1983.
B. Woodward & C. Bernstein, *Watergate : les fous du Président*, Paris : Laffont, 1975. (traduction)

CONCLUSION
LES ARTS ET LA CULTURE

Pendant les années 60, on vit s'amplifier extraordinairement l'engouement du public pour les arts. Plus de deux tiers des Américains les considéraient comme importants dans leur vie. Un tiers se livraient à des activités artistiques (35 millions de musiciens amateurs en 1969). Théâtres, opéras, salles de concert, galeries, musées connurent un boom. La technologie y contribua par des livres et des enregistrements à bas prix : en 1965, 65 000 titres furent publiés en livre de poche, 60 000 disques à 33 tours et 100 000 45 tours. Y contribua aussi le mécénat des entreprises et des gouvernements. Le *National Endowment for the Arts* débuta en 1965 ; États et municipalités créaient des *Arts Councils*.

Plus qu'à l'ordinaire aux États-Unis, la limite entre haute et basse culture s'est alors estompée dans de nombreux domaines mais pas dans celui de la musique. Le jazz était en éclipse, le *free jazz* en ayant écarté le grand public. Dans le champ « classique », de grands anciens poursuivaient leur œuvre : Barber, Copland, Harris, Menotti, Piston, Schuman. Mais des avant-gardistes très divers tenaient le haut du pavé, des chevronnés comme Babbitt, Cage, Carter, Schuller — et des jeunes qui perçaient, Crumb, Reich et Glass. Le public, assez conservateur, n'a pas fait de triomphe à ces innovateurs très divers. Par contre, il a permis que prospèrent quelque

1 500 ensembles symphoniques (trois fois plus en 1970 qu'en 1950) et 750 troupes d'opéras. « Pour la musique, devait dire Eugène Ormandy en 1974, nous sommes la capitale du monde ».

La littérature poursuivait sa brillante carrière. Parmi les nombreux dramaturges, Albee surtout s'illustra — mais la créativité vint surtout de troupes qui expérimentèrent *off* ou *off off Broadway* et hors des théâtres par des *happenings*, avec le concours actif du public : ainsi le *Living Theater* de Beck & Malina, l'*Open Theater* de Chaikin, le *Bread & Puppet Theater* de Schumann.

Le roman a connu alors une remarquable fécondité. Certains romanciers, qu'ils fussent sudistes (Styron), noirs (Baldwin), juifs (Bellow, Malamud, Roth), écrivaient dans la tradition des grands de l'entre-deux guerres. Et puis il y avait les novateurs : les uns faisaient dans le néo-journalisme (Capote, Mailer, Tom Wolfe) ; les autres, les « postmodernes », avec l'insolence effervescente des *Sixties*, violaient allègrement les conventions, chacun à sa manière : Barth, Brautigan, Cheever, Coover, Hawkes, Vonnegut, etc.

Dans les arts plastiques, une vitalité exceptionnelle s'est manifestée. On essayait tout. Avec Dine, Johns, Lichtenstein, Rauschenberg, Rosenquist, Warhol, Wesselman — le *pop art* réagit contre l'« expressionnisme abstrait » de l'après-guerre, et en prit le relais en 1962-63 pour confirmer les États-Unis comme haut lieu de la peinture mondiale. D'autant qu'avec les artistes *pop* venaient des abstraits (Kelly, Noland, Stella), des minimalistes (Olitski, Reinhardt), des hyperréalistes (Hanson, Pearlstein) — sans compter l'*op art*, l'*earth art*, etc. Outre des peintres qui travaillent souvent en trois dimensions, comme Oldenburg, des sculpteurs atteignirent une renommée internationale : Keinholz, Lassaw, Marisol, Nevelson, Noguchi, etc. Les marchands stimulaient le renouvellement des avant-gardes et le public se prenait de passion pour toutes.

En architecture, on travaillait dans le sillage de Mies van der Rohe, de Frank Lloyd Wright (Goff), du *New Formalism* (Johnson, Yamasaki), du *Neo-expressionism* et du *Brutalism* (Rudolph). Et quelques grandes figures (Kahn, Saarinen, Venturi, Pei) poursuivaient leur œuvre sans qu'aucun style ne domine.

Même diversité dans l'art américain par excellence, qui s'adresse tant à la masse qu'à l'élite, le cinéma. La TV libère Hollywood du public de masse. Le déclin de la fréquentation (40 millions d'entrées hebdomadaires en 1960 et 24 millions en 1969) et celui des grands studios s'avèrent irrémédiables : on restructure et on change de méthodes. L'autocensure est abolie en 1968. Des réalisateurs anciens (Kramer, Minnelli, Preminger, Wilder) et nouveaux (Cassavetes, Frankenheimer, Penn, Pollack, etc.) font dans les genres classiques et des styles nouveaux, sans jamais s'éloigner trop de la réalité contemporaine. On tourne des *blockbusters*, épopées ou *musicals*, des films pour jeunes ou pour adultes, des westerns critiques, des films engagés, des films d'auteurs. Les réussites et/ou les succès populaires se succèdent :*The Man Who Shot Liberty Valance* de Ford (1961), *West Side Story* (1962), *Cleopatra* (1963), *Dr Strangelove* (1964), *The Sound of Music* (1965), *2001* (1966), *Bonnie and Clyde* (1967), *Rosemary's Baby* (1968), *Easy Rider* (1969), *M*A*S*H* (1970), *Little Big Man* (1971), *The Godfather* (1972), *American Graffiti* (1973) — et bien d'autres.

Tous comptes faits, les *Sixties* furent la décennie de la culture populaire américaine. Elle était de deux types. D'abord la culture *camp*, véhiculée surtout par la TV : le surf, le twist, Batman, les *monsters, Mission Impossible*. Et puis la culture *underground* qui se manifestait dans la mode vestimentaire, les affiches (psychédéliques), les spectacles son et lumière, les BD (de Crumb, Shelton, etc.) — et surtout la musique. Elle qui était si anémiée avant 1960, fut ranimée par les Noirs et les jeunes qui y introduisirent sexe et rébellion. Aucune époque ne fut plus féconde : la musique *pop* américaine se répandit alors dans le monde entier : vingt ans plus tard, les airs des *Sixties* continuent de susciter la nostalgie.

Lectures complémentaires

Littérature

Malcolm Bradbury, *The Modern American Novel,* New York : Oxford UP, 1984.

Ruby Cohn, *New American Dramatists, 1960-1980,* New York : Macmillan, 1982.

Morris Dickstein, *Gates of Eden : American Culture in the Sixties,* New York : Basic, 1976.

Daniel Hoffman ed., *Harvard Guide to Contemporary Writing,* Cambridge : Harvard UP, 1979.

Marie-Claire Pasquier, *Le théâtre américain d'aujourd'hui,* Paris : PUF, 1978.

T. Tanner, *City of Words : American Fiction, 1950-1970,* New York : Harper & Row, 1971.

Helen Veneller, *Part of Nature, Part of Us : Modern American Poetry,* Cambridge : Harvard UP, 1980.

Arts plastiques

Dore Ashton, *American Art Since 1945,* New York : Oxford UP, 1982.

Nicolas & Elena Calas, *Icons and Images of the Sixties,* New York : Dutton, 1971.

J.M. Fitch, *American Building : The Environmental Forces That Shape It,* Boston : Houghton-Mifflin, 1972.

Lucy R. Lippard, *Pop Art,* London : Thames & Hudson, 3rd ed. rev. 1970.

Robert A.M. Stern, *New Directions in American Architecture,* New York : Braziller, 1969, rev. ed. 1977.
John A. Walker, *Art Since Pop,* London : Thames & Hudson, 1975.
Allen S. Weller, *The Joys and Sorrows of Recent American Art,* Urbana : U. of Illinois Press, 1968.

Cinéma.

John Baxter, *Hollywood in the Sixties,* New York : Barnes, 1972.
Douglas Brode, *The Films of the Sixties,* Secausus (NJ) : Citadel, 1980.
Freddy Buache : *Le cinéma américain, 1955-1970,* Lausanne : L'âge d'homme, 1974.
J.P. Coursodon & B. Tavernier, *Trente ans de cinéma américain,* Paris : CIB, 1970.

Culture pop

B. Rosenberg & D.M. White ed., *Mass Culture Revisited,* New York : Macmillan, 1971.
Robert Santelli, *Sixties : A Listener's Guide,* Chicago : Contemporary Books, 1985.
Irwin Stambler, *Encyclopedia of Pop, Rock and Soul,* New York : St Martin's Press, 1974.

BIBLIOGRAPHIE GÉNÉRALE

Judith C. & Stewart E. Albert, *The Sixties Papers,* New York : Praeger, 1984.

Nicolas & Elena Calas, *Icons and Images of the Sixties,* New York : Dutton, 1971.

Albert H. Cantril & Charles W. Roll Jr, *The Hopes and Fears of the American People,* New York : Universe Books, 1971 (d'après sondages).

Stuart Chase, *American Credos,* New York : Harper & Row, 1962 (définis d'après sondages).

Alistair Cook, *Talk About America* and *America,* New York : Knopf, 1968 & 1973 (point de vue britannique).

Nora Ephron, *Wallflower at the Orgy,* New York : Viking, 1971.

Jo Freeman ed., *Social Movements of the Sixties and Seventies,* New York : Longman, 1983.

Robert Hargreaves, *Superpower : A Portrait of America in the 1970s,* New York : St Martin's Press, 1973.

Harold Hayes ed., *Smiling Through the Apocalypse : Esquire's History of the Sixties,* New York : McCall, 1970.

Godfrey Hodgson, *America in Our Time : From World War II to Nixon,* New York : Random House, 1976.

Irving L. Horowitz, *Ideology and Utopia in the United States, 1956-1976,* New York : Oxford University Press, 1977.

Gerald Howard ed., *The Sixties,* New York : Washington Square Press, 1982.

John & Gordon Javna, *60s !,* New York : St Martin's Press, 1983 (album de culture populaire).

Peter Joseph, *Good Times : An Oral History of America in the Nineteen Sixties,* New York : Charterhouse, 1973.

Ely J. Kahn, *The American People,* New York : Weybright & Talley, 1974 (analyse du recensement de 1970).

Robert Kempf, *Les Etats-Unis en mouvement,* Paris : Denoël, 1972.

Arleen Keylin & Laurie Barnett, *The Sixties (as Reported in the New York Times),* New York : Arno Press, 1980 (fac-similés et photos).

Andrew Kopkind & James Ridgeway eds., *Decade of Crisis : America in the Sixties,* New York : World, 1972.

Ronald Lora ed., *America in the '60s : Cultural Authorities in Transition,* New York : Wiley, 1974.

Jacques Lusseyran, *Douce, trop douce Amérique,* Paris : Gallimard, 1968.

Jacques Maillard & Yves Lequin, *Le monde nord-américain,* Paris : Masson, 1970.

William R. Manchester, *The Glory and the Dream : A Narrative History of America, 1932-1972,* Boston : Little Brown, 1974.

Joyce Maynard, *Looking Back : A Chronicle of Growing Up Old in the Sixties,* Garden City (NY) : Doubleday, 1973.
Hans J. Morgenthau, *Truth and Power : Essays of a Decade, 1960-1970,* New York : Praeger, 1970.
Edgar Morin, *Journal de Californie,* Paris : Seuil, 1970.
Charles Morris, *A Time of Passion : America 1960-1980,* New York : Harper & Row, 1984.
Lynda Obst ed., *The Sixties : The Decade Remembered by the People Who Liked it Then,* San Francisco : Rolling Stone Press, 1977.
William L. O'Neill, *Coming Apart : An Informal History of America in the 60s,* New York : Times Books, 1971.
Thomas Parker & Douglas Nelson, *Day by Day : The Sixties,* New York : Facts on File, 1983 (2 vol.).
Jacques Poujol & Michel Oriano, *Initiation à la civilisation américaine,* Paris : Masson, 1969.
RANAM, *USA, 1960-1977,* Université de Strasbourg : RANAM N° 10, 1977.
Paul Sann, *The Angry Decade : The Sixties,* New York : Crown, 1979 (histoire en images, année par année).
Sohnya Sayres & al. eds., *The Sixties, Without Apology,* Minneapolis : University of Minnesota Press, 1984.
Ronald Segal, *America's Receding Future : The Collision of Creed and Reality,* London : Weidenfeld & Nicolson, 1968.
James L. Sundquist, *Politics and Policy : The Eisenhower, Kennedy and Johnson Years,* Washington, DC : Brookings, 1968.
William Watts & Lloyd Free eds., *State of the Nation,* New York : Universe Books, 1972 (panorama d'après sondages).
Ronald Weber ed., *America in Change : Reflections on the 60s and 70s,* Notre Dame (Ind.) : University of Notre Dame Press, 1973.
Rex Weiner & Deanne Stillman, *Woodstock Census : The Nationwide Survey of the Sixties Generation,* New York : Viking, 1979.
Theodore H. White, *America in Search of Itself : The Making of the President 1956-1980,* New York : Harper & Row, 1982.
Harris Wofford, *Of Kennedys and Kings : Making Sense of the Sixties,* New York : Farrar, Straus & Giroux, 1980.
Daniel Yankelovich, *New Rules : Searching for Self-Fulfillment in a World Turned Upside Down,* New York : Random House, 1981.

TABLE DES MATIÈRES

Composition, mise en pages
Ateliers des Presses Universitaires de Nancy

Impression Bialec, Nancy/Dépôt légal n° 25168 - 1er trimestre 1989